D1722948

Grundlagen des Kommunalverfassungsrechts in Schleswig-Holstein

Grundriß für die Ausbildung und Fortbildung

6., neubearbeitete Auflage von

Klaus-Dieter Dehn

Stellvertretender
Geschäftsführer des
Schleswig-Holsteinischen
Landkreistages

Deutscher Gemeindeverlag
Verlag W. Kohlhammer

Die Deutsche Bibliothek – CIP-Einheitsaufnahme

Dehn, Klaus-Dieter:
Grundlagen des Kommunalverfassungsrechts in Schleswig-
Holstein : Grundriss für die Ausbildung und Fortbildung /
von Klaus-Dieter Dehn. – 6., neubearb. Aufl. – Köln : Dt.
Gemeindeverl. ; Köln : Kohlhammer, 1996
 (dgv-Studienreihe öffentliche Verwaltung)
 ISBN 3-555-10231-1

1996
Deutscher Gemeindeverlag GmbH und Verlag W. Kohlhammer GmbH
Verlagsort: 50832 Köln, Postfach 40 02 63
Gesamtherstellung Deutscher Gemeindeverlag GmbH
Nachdruck, auch auszugsweise, verboten – Alle Rechte vorbehalten
Recht zur fotomechanischen Wiedergabe nur mit Genehmigung des Verlages
Buch-Nr.: 01/51

Vorwort

Die 6. Auflage dieses Grundrisses will – wie die zwischenzeitlich vergriffenen ersten Auflagen – in knapper und möglichst verständlicher Form die einschlägigen Vorschriften des Kommunalverfassungsrechts darstellen. Besonderes Schwergewicht wurde dabei auf die innere Gemeindeverfassung, also auf die Bildung der gemeindlichen Organe, ihre Arbeitsweise sowie auf die Abgrenzung der Zuständigkeiten, gelegt. Diese Thematik hat wegen der Einführung der Direktwahl der Hauptverwaltungsbeamten und der Regelung der damit zusammenhängenden Fragen durch die Gesetzesnovelle 1995 besondere Aktualität.

Bedeutung wurde insbesondere auch den Regelungen über eine verstärkte Beteiligung der Bürgerinnen und Bürger an den kommunalen Entscheidungsprozessen gewidmet.

Ziel der Schrift ist es, die für die Praxis wirklich bedeutsamen Vorschriften auch für diejenigen eingängig darzustellen, die mit der teilweise sehr komplizierten Materie nicht täglich zu tun haben. Für den Leser wurden vor allem auch die Zusammenhänge mit den übergeordneten Vorschriften des Grundgesetzes und der Landessatzung sowie anderer Rechtsnormen dargestellt.

Die 6. Auflage wendet sich einerseits an ehrenamtliche Kommunalpolitikerinnen und Kommunalpolitiker, die sich einen umfassenden Überblick über das Kommunalrecht verschaffen wollen; sie ist in gleicher Weise als Hilfsmittel für Auszubildende und Beamtenanwärter der mittleren und gehobenen Beamtenlaufbahnen sowie für Teilnehmer vergleichbarer Angestelltenlehrgänge gedacht. Auf die Ausbildungs- und Prüfungsanforderungen wurde in der Darstellung des Stoffs besonders Rücksicht genommen.

Der Leitfaden enthält eine Reihe praktischer Beispiele und graphischer Darstellungen, die die Materie in besonderer Weise anschaulich machen.

Das große Interesse an den ersten Auflagen haben den Verlag und den Verfasser ermutigt, diese 6. neubearbeitete Auflage herauszubringen.

Die Erläuterungen in dem Band berücksichtigen das Gesetz zur Änderung des kommunalen Verfassungsrechts 1995 vom 22. 12. 1995 (GVOBl. Schl.-H. 1996 S. 33). Dies Gesetz tritt in mehreren Stufen in Kraft. Die Vorschriften über die Direktwahl der hauptamtlichen Bürgermeisterinnen und Bürgermeister, über die Abschaffung der Magistrats- und Kreisausschußverfassung, die Errichtung von Hauptausschüssen und über die Neuordnung der Zuständigkeiten der Organe treten in den kreisfreien Städten ab 1. 1. 1997 und in den übrigen Gemeinden und Städten ab 1. 4. 1998 in Kraft. Im einzelnen wird insoweit auf Art. 13 des genannten Änderungsgesetzes verwiesen.

Kiel, im Juni 1996   Klaus-Dieter Dehn

Inhaltsverzeichnis

Abkürzungsverzeichnis

Abs.	Absatz
Abschn.	Abschnitt
Amtsbl.	Amtsblatt für Schleswig-Holstein
Amtsvorst.	Amtsvorsteherin/Amtsvorsteher
AO	Amtsordnung für Schleswig-Holstein i. d. F. vom 1. 4. 1994 (GVOBl. S. 372)
Art.	Artikel
BGB	Bürgerliches Gesetzbuch
Bgm.	Bürgermeisterin/Bürgermeister
Bürg.	Bürgerin/Bürger
BVerfGE	Bundesverfassungsgericht (Entscheidungssammlung)
BVerwG	Bundesverwaltungsgericht
DVO-GO	Landesverordnung zur Durchführung der Gemeindeordnung vom 29. 10. 1990 (GVOBl. S. 529)
DVO-KrO	Landesverordnung zur Durchführung der Kreisordnung vom 29. 10. 1990 (GVOBl. S. 533)
DVO-AO	Landesverordnung zur Durchführung der Amtsordnung vom 29. 10. 1990 (GVOBl. S. 535)
Einw.	Einwohnerin/Einwohner
EntschVO	Entschädigungsverordnung
FAG	Finanzausgleichsgesetz i. d. F. vom 30. 01.1985 (GVOBl. S. 58), zuletzt geändert durch Gesetz vom 12. 12. 1995 (GVOBl. S. 484)
Gemvertr.	Gemeindevertreterin/Gemeindevertreter
GG	Grundgesetz für die Bundesrepublik Deutschland
GKWG	Gemeinde- und Kreiswahlgesetz i. d. F. vom 31. 05. 1986 (GVOBl. S. 146), zuletzt geändert durch Gesetz vom 22. 12. 1995 (GVOBl. 1996 S. 33)
GStG	Gleichstellungsgesetz vom 13. 12. 1994 (GVOBl. S. 562)
GkZ	Gesetz über kommunale Zusammenarbeit i. d. F. vom 1. 4. 1996 (GVOBl. S. 381)

GO	Gemeindeordnung für Schleswig-Holstein i. d. F. vom 1. 4. 1996 (GVOBl. S. 321)
GuLb	Gesetz über die Errichtung allgemeiner unterer Landesbehörden in Schleswig-Holstein in der Fassung vom 3. 4. 1996 (GVOBl. S. 406)
GVOBl.	Gesetz- und Verordnungsblatt
i. d. F.	in der Fassung
i. V. m.	in Verbindung mit
JuFöG	Jugendförderungsgesetz vom 5. 2. 1992 (GVOBl. S. 158), zuletzt geändert durch Gesetz vom 22. 12. 1995 (GVOBl. S. 33)
KrO	Kreisordnung für Schleswig-Holstein i. d. F. vom 1. 4. 1996 (GVOBl. S. 356)
LBG	Landesbeamtengesetz i. d. F. vom 2. 6. 1991 (GVOBl. S. 272), zuletzt geändert durch Gesetz vom 19. 3. 1996 (GVOBl. S. 301)
LVerf	Verfassung des Landes Schleswig-Holstein vom 13. 6. 1990 (GVOBl. S. 391)
Landr.	Landrätin/Landrat
LVwG	Landesverwaltungsgesetz Schleswig-Holstein i. d. F. vom 2. 6. 1992 (GVOBl. S. 243), zuletzt geändert durch Gesetz vom 12. 12. 1995 (GVOBl. S. 484)
OVG	Oberverwaltungsgericht
Stadtr.	Stadträtin/Stadtrat
Stadtvertr.	Stadtvertreterinnen/Stadtvertreter
u. a.	unter anderem
Urt.	Urteil
vgl.	vergleiche
z. B.	zum Beispiel
Z.	Ziffer

1. Grundbegriffe des Kommunalrechts

1.1 Begriff des Kommunalrechts

Das Kommunalrecht umfaßt alle Rechtsvorschriften, die Regelungen zur Rechtsstellung der Gemeinden, ihren Aufgaben, ihrer inneren Verfassung, ihrer Bildung und Auflösung, ihr Verhältnis zum Staat, ihre Beziehung zu ihren Einw. und Bürg. und ihren Aufgaben enthalten. Es handelt sich vor allem um Gesetze und Verordnungen auf Landes-, teilweise auch auf Bundesebene. Das Kommunalrecht gehört zum öffentlichen Recht.

1.2 Begriff der Gemeinde

Gemeinden im Sinne des Kommunalrechts sind die politischen Gemeinden, also die Gemeinwesen, die die durch das Zusammenleben der Menschen auf Ortsebene entstehenden Probleme zu lösen haben. Die Gemeinden leiten ihre Hoheitsgewalt als Träger der öffentlichen Verwaltung (§ 2 Abs. 1 LVwG) von den Ländern ab.

2. Rechtsgrundlagen des Kommunalrechts

2.1 Bundesrecht

Die Gesetzgebungskompetenz für das Kommunalrecht liegt bei den Ländern (Art. 30 i. V. m. Art. 70 GG). Das GG enthält eine institutionelle Garantie für die Gemeinden und eine Weisung für die Länder, für eine demokratische Ausgestaltung der kommunalen Selbstverwaltung (Art. 28 GG) zu sorgen. Weitere für die kommunale Selbstverwaltung bedeutsame Regelungen enthält das GG vor allem in Art. 106 Abs. 5–7 (Anteil an der Einkommensteuer, Realsteuergarantie, Steuerverbund).

1

2.2 Landesrecht

Die landesverfassungsrechtliche Garantie für die Gemeinden und Gemeindeverbände enthält Art. 46 LVerf. Die eigentliche Ausgestaltung des Kommunalrechts erfolgt durch die GO, die KrO und die AO. Von besonderer Bedeutung sind daneben das Gesetz über kommunale Zusammenarbeit, das Gesetz über allgemeine untere Landesbehörden, das Gemeinde- und Kreiswahlgesetz und das Kommunalprüfungsgesetz. Daneben gibt es eine Reihe von Verordnungen, die sich auf Ermächtigungsgrundlagen in der GO, der KrO und der AO stützen, so z. B. die Durchführungsverordnungen zur GO, zur KrO und zur AO, die Gemeindehaushaltsverordnung, die Entschädigungsverordnung, die Verordnung über die Genehmigungsfreiheit von Rechtsgeschäften der Gemeinden, die Kassen- und Rechnungsverordnung und die Stellenplanverordnung.

3. Rechtsnatur und Rechtsstellung der Gemeinden und Kreise

3.1 Rechtsnatur der Gemeinden und Kreise

Die Gemeinden sind nach ihrer Rechtsnatur die untersten Träger öffentlicher Gewalt (Bund, Länder, Gemeinden). Sie bilden – unabhängig von der Gesamtheit der Personen, die sie umfassen – einen selbständigen Rechtsträger. Das gilt sowohl für die Persönlichkeitsrechte (z. B. Gemeindename), als auch für die Vermögensrechte. Es handelt sich um juristische Personen. Da sie öffentliche Aufgaben wahrnehmen, sind sie juristische Personen des öffentlichen Rechts. Sie sind ferner Träger der öffentlichen Verwaltung nach § 2 LVwG.

Die Gemeinden sind Körperschaften. Sie unterscheiden sich von der üblichen Körperschaft dadurch, daß sie Gebietshoheit besitzen,

2

**d. h., daß jeder, der sich auf ihrem Gebiet aufhält, ihren Herrschafts-
rechten unterworfen ist. Es handelt sich um Gebietskörperschaften
(§ 1 Abs. 2 GO).**

Gemeindeverbände bestehen aus gemeindlichen Körperschaften
und besitzen Selbstverwaltungsbefugnisse unter dem Gesichtspunkt
der nachrangigen Allzuständigkeit, d. h., sie können Aufgaben dann
wahrnehmen, wenn ihnen diese durch Gesetz ausdrücklich zugewiesen werden oder wenn die Gemeinden wegen zu geringer Leistungsfähigkeit und Größe nicht in der Lage sind, die Aufgaben zu erfüllen
(vgl. hierzu BVerfG, Urt. vom 23. 11. 1988, Die Gemeinde 1989,
S. 169). Gemeindeverbände sind in Schleswig-Holstein nur die 11
Kreise, nicht aber die Ämter, Zweckverbände oder sonstige gemeindliche Zusammenschlüsse.

3.2 Rechtsstellung der Gemeinden und Kreise

**Um am Rechtsleben teilnehmen zu können, müssen die Gemeinden
und Kreise über bestimmte Rechtseigenschaften verfügen. Sie besitzen die Rechtsfähigkeit, die Geschäftsfähigkeit, die Parteifähigkeit,
die Prozeßfähigkeit und haften für ihre Organe und gesetzlichen
Vertreter nach den Vorschriften des BGB (§§ 31, 89 und 278).**

3.3 Selbstverwaltung als verfassungsrechtliche Grundlage

**Der Begriff Selbstverwaltung ist gesetzlich nicht definiert. In der
Praxis bedeutet Selbstverwaltung: Verwaltung der eigenen Angelegenheiten in eigener Verantwortung, mit eigenen Organen, auf eigene Kosten und unter Mitwirkung der Bürg. Zu unterscheiden ist
die Selbstverwaltung im politischen Sinne von der Selbstverwaltung
im juristischen Sinne.** Bei der Selbstverwaltung im politischen Sinne
steht die Mitwirkung des ehrenamtlichen Elements bei der Willensbildung und Verwaltung im Vordergrund (z. B. Gemeindevertre-

3

tung, Ausschüsse). Bei der Selbstverwaltung im juristischen Sinne handelt es sich um die eigenverantwortliche Erfüllung von Aufgaben durch eigene Organe unter der Rechtsaufsicht des Staates, wobei die Unabhängigkeit gegenüber dem Staat entscheidend ist. Diese Art der Selbstverwaltung üben auch andere Träger der öffentlichen Verwaltung aus. Für die Gemeinden und Gemeindeverbände gelten beide Begriffselemente.

3.3.1 Selbstverwaltung nach dem Grundgesetz

Nach Art. 28 Abs. 2 GG muß den Gemeinden das Recht gewährleistet sein, alle Angelegenheiten der örtlichen Gemeinschaft in eigener Verantwortung zu regeln. Die Verfassung schützt damit sowohl die Universalität der kommunal wahrzunehmenden Aufgaben, als auch die Art und Weise der Aufgabenerledigung. Die Kreise als Gemeindeverbände haben im Rahmen ihrer gesetzlichen Aufgabenbereiche die gleichen Rechte. Art. 28 Abs. 2 GG ist kein Grundrecht, sondern eine institutionelle Garantie. Die Gemeinden und Gemeindeverbände können sich bei Verletzung des Art. 28 Abs. 2 GG durch den Gesetzgeber an das Bundesverfassungsgericht wenden (Art. 93 Abs. 1 Ziff. 4 b GG). Nach der Rechtsprechung des Bundesverfassungsgerichts ist der Kernbereich oder auch Wesensgehalt der Selbstverwaltung unantastbar (BVerfGE 7, 358; 11, 266; 38; 258). In das Selbstverwaltungsrecht kann, soweit es sich um Randbereiche handelt, durch Gesetz eingegriffen werden. Dabei haben sich die Gesetze auf das unbedingt notwendige Maß zu beschränken (BVerfGE 26, 228; 56, 298). Die kommunale Selbstverwaltung steht nicht zur Disposition des einfachen Gesetzgebers.

Art. 28 Abs. 2 GG ist der Auftrag der Verfassung an die Länder, den Gemeinden und Gemeindeverbänden durch entsprechende Gesetze die kommunale Selbstverwaltung zu gewährleisten. Dabei wird der Grundsatz der Allzuständigkeit hervorgehoben („alle Angelegenheiten der örtlichen Gemeinschaft"). Die Aufgaben der Gemeinden

4

müssen in der örtlichen Gemeinschaft wurzeln oder auf sie einen spezifischen Bezug haben (z. B. Theater, Museen, Versorgungs- und Verkehrsbetriebe). Gleichzeitig will Art. 28 Abs. 2 GG eine Konzentration der Verwaltung bei der Gemeinde erreichen. Die Aufgabenerledigung hat „in eigener Verantwortung" zu erfolgen, also ohne Weisungen oder Bevormundung durch den Staat. Selbstverständlich haben sich die Gemeinden aber im Rahmen der Rechtsordnung zu bewegen.

Schließlich weist Art. 28 Abs. 2 GG den Gemeinden auch eine Rechtsetzungsbefugnis zu („zu regeln"), die ein wesentliches Element der Selbstverwaltung ist.

Abstriche am kommunalen Aufgabenbereich dürfen nur durch Gesetz oder – sofern dafür eine entsprechende Ermächtigungsgrundlage vorhanden ist – durch Verordnungen vorgenommen werden. Dabei darf der Wesenskern der kommunalen Selbstverwaltung nicht angetastet werden. Unzulässig wäre deshalb
a) die Selbstverwaltung innerlich so auszuhöhlen, daß die Gemeinden die Möglichkeit zu einer kraftvollen Betätigung verlieren,
b) eine Entziehung der Masse der Aufgaben
c) eine Entziehung sogenannter typusbestimmender Merkmale, die die kommunale Selbstverwaltung prägen (BVerfGE 52, 95). Im einzelnen handelt es sich um folgende Merkmale:

- **Gebietshoheit**
  Die Tätigkeit der Gemeinden ist auf ihr Gebiet bezogen. Jeder, der sich auf dem Gebiet aufhält oder durch Grundbesitz oder Gewerbe zu der Gemeinde in Beziehung steht, ist ihren Herrschaftsrechten unterworfen.

- **Organisationshoheit**
  Die nach außen in Erscheinung tretende Organisation (z. B. Festlegung der Organe) ist aus Gründen der Einheitlichkeit zwar weitgehend durch Gesetz geregelt; die Gewährleistung des Kernbereichs der kommunalen Selbstverwaltung verbietet aber Regelungen, die eine eigenständige organisatorische Ge-

5

staltungsfähigkeit der Kommunen im Ergebnis ersticken würde (BVerfG, Die Gemeinde 1995, 48). Die Gesetzeslage läßt in zahlreichen Fällen einen Spielraum für die Gemeinden, so z. B. bei der Bildung von Ausschüssen. Die Verantwortlichkeit für die innere Organisation der Gemeindeverwaltung liegt dagegen praktisch allein bei den Gemeinden (Organisations-, Aufgabengliederungs-, Stellen-, Aktenpläne). Zuständig hierfür ist das verwaltungsleitende Organ.

- **Personalhoheit**
  Die Personalhoheit beinhaltet das Recht, im Rahmen des geltenden Beamten- und Tarifrechts das Personalwesen eigenverantwortlich auszugestalten und zu praktizieren. Hierzu gehören z. B. Einstellungen, Beförderungen und Entlassungen.

- **Planungshoheit**
  Die Planungshoheit berechtigt die Gemeinden, ihr Gebiet durch Bauleitpläne (Flächennutzungsplan, vgl. § 5 BauGB, Bebauungsplan, vgl. § 8 BauGB) und andere Planungen (z. B. Kindergartenplanung, Naturschutzplanung) eigenverantwortlich zu ordnen und zu gestalten.

- **Finanz- und Steuerhoheit**
  Die Gemeinden sind berechtigt, eigene Einnahmen (z. B. Steuern, Gebühren, Beiträge) zu erheben und diese eigenverantwortlich zu verwenden. Sie verfügen über ein eigenes Etatrecht (vgl. hierzu BVerfG, NVwZ 1987, 123).

- **Rechtssetzungsbefugnis** (Autonomie)
  Im Bereich der eigenen Angelegenheiten dürfen die Gemeinden eigene Rechtsvorschriften erlassen (Satzungen).

3.3.2 Selbstverwaltung nach Art. 46 LVerf

Art. 46 Abs. 1 LVerf bestimmt, daß die Gemeinden berechtigt und im Rahmen ihrer Leistungsfähigkeit verpflichtet sind, in ihrem Ge-

Gebietskörperschaften mit Allzuständigkeit und Volksvertretung

1.131 Gemeinden	11 Kreise
Wahrnehmung aller Angelegenheiten der örtlich. Gemeinschaft	überörtliche Aufgaben ausgleichende Aufgaben ergänzende Aufgaben
örtliche Ordnungsbehörde	Kreisordnungsbehörde
zum Beispiel: Schulbau Gemeindestraßenbau Sozialstation Kindergarten Ver- und Entsorgung Volkshochschule Feuerwehr Museum Sporteinrichtungen	zum Beispiel: Sonderschule, Berufsschule Kreisstraßenbau Kreiskrankenhaus Rettungsdienst Abfallbeseitigung Kreisalten- und Pflegeheim Kreismusikschule Kreismuseum Kreishafen
Meldeamt Standesamt örtliche Ordnungsbeh. Baugenehmigungsbehörde	Ausländerbehörde Landschaftspflegebehörde Wasserbehörde Untere Straßenverkehrsbehörde

Kommunale Körperschaften ohne Gebietshoheit

Gemeinde		Gemeinde		Gemeinde		Gemeinde

173 Zweckverbände	119 Ämter
Freiwilliger Zusammenschluß zur Wahrnehmung bestimmter Aufgaben gemeinsam	Zusammenschluß mehrerer Gemeinden durch den Innenmin. zu einer überwiegenden Verwaltungsbehörde
zum Beispiel: Wegezweckverband Schulverband Wasserentsorgungsverband Abfallbeseitigungsverband	– Vorbereitung der Beschlüsse der Gemeinden – Ausführung der Beschlüsse der Gem. – Wahrnehmung aller ordnungsbehördl. Aufgaben für die Gemeinden

biet alle öffentlichen Aufgaben zu erfüllen, soweit die Gesetze nicht ausdrücklich etwas anderes bestimmen. Die Kreise als Gemeinde-verbände haben im Rahmen ihrer gesetzlichen Zuständigkeit die gleiche Stellung (vgl. hierzu Ziff. 4.1).

7

Art. 46 Abs. 1 LVerf konkretisiert den Auftrag des Grundgesetzes. Die Vorschrift geht aber insofern über Art. 28 GG hinaus, als daß sie die Gemeinden nicht nur zur Selbstverwaltung berechtigt, sondern hierzu auch verpflichtet. Diese Verpflichtung findet allerdings ihre Grenzen in der Leistungsfähigkeit (Verwaltungs- und Veranstaltungskraft) der Gemeinden. Anders als Art. 28 GG verpflichtet Art. 46 LVerf die Gemeinden nicht nur zur Erledigung der „Aufgaben der örtlichen Gemeinschaft", sondern zur Wahrnehmung aller in ihrem Gebiet anfallenden „öffentlichen Aufgaben". Gemeint sind damit auch Aufgaben, die ihren Ursprung im staatlichen Bereich finden. Schließlich verpflichtet die LVerf die Gemeinden zur Aufgabenerfüllung (GG: „zu regeln"). Zur Aufgabenerfüllung gehört nicht nur die Regelungsbefugnis, also die Willensbildung, sondern auch die Ausführung der Willensbildung.

4. Aufgaben der Gemeinden und Kreise

4.1 Allzuständigkeit der Gemeinden, subsidiäre Allzuständigkeit der Gemeindeverbände

Nach Art. 46 LVerf und § 2 Abs. 1 GO sind die Gemeinden berechtigt und im Rahmen ihrer Leistungsfähigkeit verpflichtet, in ihrem Gebiet alle öffentlichen Aufgaben in eigener Verantwortung zu erfüllen, soweit die Gesetze nicht ausdrücklich etwas anderes bestimmen. Sie haben das Wohl ihrer Einwohner zu fördern. Dabei handeln sie zugleich in Verantwortung für die zukünftigen Generationen (§ 1 GO). Das geschieht dadurch, daß die Gemeinden die dafür notwendigen Einrichtungen und Dienstleistungen errichten, planen und bereitstellen und hierbei deren Bedeutung auch für die langfristige Zukunft berücksichtigen.

Die Gemeinden sind immer dann für eine Aufgabe zuständig, wenn die Zuständigkeit nicht ausdrücklich durch Gesetz einem anderen Träger der öffentlichen Verwaltung (Bund, Land oder sonstige Körperschaften bzw. Anstalten des öffentlichen Rechts, vgl. § 2 LVwG) zugewiesen worden ist (BVerfG v. 23. 11. 1988, Die Gemeinde 1989, S. 169). Der Gesetzgeber darf den Gemeinden aber Aufgaben mit relevantem örtlichen Charakter nur aus Gründen des Gemeindeinteresses, vor allem also dann etwa entziehen, wenn anders die ordnungsgemäße Aufgabenerfüllung nicht sicherzustellen wäre und wenn die den Aufgabenentzug tragenden Gründe gegenüber dem verfassungsrechtlichen Aufgabenverteilungsprinzip des Art. 28 Abs. 2 Satz 1 GG überwiegen. Dieser Grundsatz gilt auch gegenüber den Kreisen (vgl. hierzu auch § 21 KrO). Gemeindliche Angelegenheiten sind diejenigen Bedürfnisse und Interessen, die in der örtlichen Gemeinschaft wurzeln oder auf sie einen spezifischen Bezug haben. Auf die Verwaltungskraft der einzelnen Gemeinden kommt es dabei nach der oben erwähnten sogenannten „Rastede Entscheidung" des BVerfG nicht an. Die Gemeinden haben bei ihrer Aufgabenverteilung zu prüfen, ob die jeweilige Aufgabe nicht auch durch Private erfüllt werden kann. Ist dies der Fall, so haben die Gemeinden dem Privaten den Vortritt zu lassen (§ 2 GO).

Ausdrücklich erwähnen die GO und KrO, daß die Gemeinden und Kreise zur Verwirklichung des Grundrechtes der Gleichberechtigung von Mann und Frau beizutragen haben (§ 2 Abs. 3 GO). Gemeinden mit eigener Verwaltung müssen hierzu Gleichstellungsbeauftragte bestellen (vgl. Abschn. 13). Weitere Einzelheiten regelt das Gleichstellungsgesetz vom 13. 12. 1994 (GVOBl. S. 562), das auch für den kommunalen Bereich gilt.

Die Kreise verfügen über eine nachrangige Allzuständigkeit. Diese Allzuständigkeit setzt ein, soweit öffentlich Aufgaben von den kreisangehörigen Gemeinden und Ämtern wegen zu geringer Leistungsfähigkeit und Größe nicht erfüllt werden können (§ 2 KrO). Die Kreise haben sich aber insoweit wegen des verfassungsrechtlichen Vorranges der Gemeinden bei Angelegenheiten der örtlichen Gemeinschaft äußerste Zurückhaltung aufzuerlegen.

Die Aufgaben der kommunalen Körperschaften lassen sich in folgende Aufgabentypen einteilen:

a) freiwillige Selbstverwaltungsaufgaben
b) pflichtige Selbstverwaltungsaufgaben
c) Aufgaben zur Erfüllung nach Weisung
d) Aufgaben der allgemeinen unteren Landesbehörde

4.2 Selbstverwaltungsaufgaben

Bei der Erledigung von freiwilligen Selbstverwaltungsaufgaben sind die Gemeinden und Kreise in der Entscheidung, ob und wie sie eine Aufgabe erledigen, frei und nur an die allgemein geltenden gesetzlichen Bestimmungen gebunden. Beispiele hierfür sind das Büchereiwesen, die Errichtung und Unterhaltung von Museen, Altenheimen, Jugendheimen, Sportplätzen, Schwimmbädern, Sozialstationen, Musikschulen, Einrichtungen der Naherholung usw.

Bei den pflichtigen Selbstverwaltungsaufgaben wird durch Gesetz entschieden, daß eine bestimmte Aufgabe bei Bestehen eines Bedürfnisses von der Gemeinde erfüllt werden muß. Die Gemeinde bleibt aber eigenverantwortlich in der Durchführung der Aufgabe. Beispiele hierfür sind die Schulträgerschaft nach dem Schulgesetz, die Gewährleistung eines bedarfsgerechten Angebotes an Kindertagesstätten nach dem Kindertagesstättengesetz, der Straßenbau nach dem Straßen- und Wegegesetz, der Feuerschutz nach dem Brandschutzgesetz, die Abfallbeseitigung nach dem Abfallbeseitigungsgesetz, der Rettungsdienst nach dem Rettungsdienstgesetz und die Krankenhausversorgung nach dem Gesetz zur Ausführung des Krankenhausfinanzierungsgesetzes.

4.3 Aufgaben zur Erfüllung nach Weisung

Bei den Aufgaben zur Erfüllung nach Weisung handelt es sich um Aufgaben, die eigentlich im staatlichen Bereich liegen, jedoch aus Gründen der Zweckmäßigkeit und Bürgernähe auf kommunale Körperschaften übertragen wurden. Grundlage hierfür ist Art. 46 Abs. 4 LVerf, der wie folgt lautet: „Durch Gesetz können den Gemeinden

Schematische Darstellung
der Aufgaben der Gemeinden und Kreise

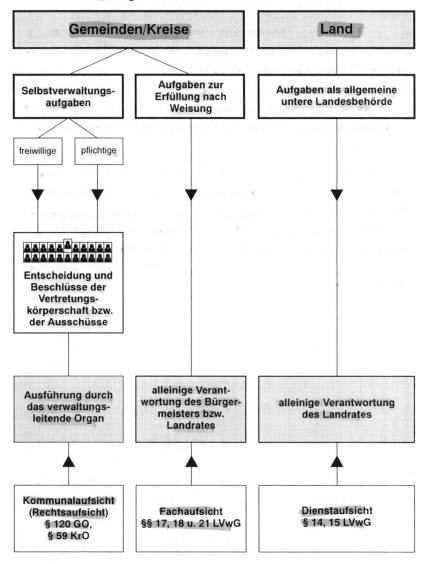

Gemeinden/Kreise	**Land**

Selbstverwaltungs-aufgaben

Aufgaben zur Erfüllung nach Weisung

Aufgaben als allgemeine untere Landesbehörde

freiwillige   pflichtige

Entscheidung und Beschlüsse der Vertretungs-körperschaft bzw. der Ausschüsse

Ausführung durch das verwaltungs-leitende Organ

alleinige Verant-wortung des Bürger-meisters bzw. Landrates

alleinige Verantwortung des Landrates

Kommunalaufsicht (Rechtsaufsicht) § 120 GO, § 59 KrO

Fachaufsicht §§ 17, 18 u. 21 LVwG

Dienstaufsicht § 14, 15 LVwG

11

und Gemeindeverbänden Landesaufgaben übertragen werden". Konkretisierend bestimmen §§ 3 GO/KrO, daß die Übertragung nur durch Gesetz oder aufgrund eines Gesetzes durch Rechtsverordnung erfolgen kann. Bei Aufgaben zur Erfüllung nach Weisung besteht für den Staat ein umfassendes Weisungsrecht in allen Fragen der Recht- und Zweckmäßigkeit (§ 18 Abs. 1 i. V. m. § 15 Abs. 2 LVwG). Fachaufsichtsbehörden sind für die Kreise und kreisfreien Städte die obersten Landesbehörden (vgl. § 5 LVwG), im übrigen die Landrätinnen und Landräte als allgemeine untere Landesbehörde (§ 17 LVwG i. V. m. § 3 GuLb).

Aufgaben zur Erfüllung nach Weisung sind z. B. die Gefahrenabwehr (§ 162 Abs. 3 LVwG), das Melderecht (§ 1 Abs. 1 Landesmeldegesetz), das Bauordnungsrecht in gemeindlicher Zuständigkeit (§ 58 Abs. 3 Landesbauordnung) oder die Aufgaben der unteren Naturschutzbehörden (§ 45 Landesnaturschutzgesetz). Soweit Gemeinden und Kreise Bundesrecht ausführen (z. B. Wohngeldgesetz, Gewerbeordnung), unterliegen sie ebenfalls der Fachaufsicht des Landes (§ 21 LVwG).

Die persönlichen und sächlichen Kosten für die Erledigung der Weisungsaufgaben sind von den Gemeinden und Kreisen selbst zu tragen. Sie sind durch die Leistungen nach dem FAG abgegolten (§ 1 Abs. 1 FAG). Vgl. hierzu auch VGSchleswig, Die Gemeinde 1987, 50.

4.4 Aufgaben als allgemeine untere Landesbehörde

Die Aufgaben der allgemeinen unteren Landesbehörden werden nach dem Gesetz vom 25. 02. 1972 (GVOBl. S. 64) von den Kreisen wahrgenommen. Allein verantwortlich ist die Landrätin bzw. der Landrat (§ 2 GuLb). Zu den Aufgaben der allgemeinen unteren Landesbehörde gehören die Kommunalaufsicht, die Fachaufsicht, die Körperschaftsaufsicht, die Schulaufsicht, die Heimaufsicht und die überörtliche Prüfung. Die/der Landr. untersteht in Angelegenheiten der unteren Landesbehörde der Dienstaufsicht (vgl. § 15

LVwG) des Innenministers (§ 2 Abs. 2 GuLb) und der Fachaufsicht der fachlich zuständigen übergeordneten Landesbehörde. Für die personelle und sachliche Ausstattung der unteren Landesbehörde sind die Selbstverwaltungsorgane des Kreises zuständig. Der Kreis trägt auch die Kosten. Das Land haftet aber bei Amtspflichtverletzungen gegenüber Dritten. Es ist in Rechtsstreitigkeiten Beklagter.

Bei den übrigen kommunalen Körperschaften, und zwar auch bei den kreisfreien Städten, gibt es keine unteren Landesbehörden.

5. Gemeinden

5.1 Haupt- und ehrenamtliche Gemeinden

Gemeinden haben als Organe die Gemeindevertretung und die/den Bürgermeister(in) (§ 7 GO). Die Gemeindevertretung ist das oberste Willensbildungsorgan; die Verwaltungsleitung obliegt der/dem Bürgermeister(in). Die Organe haben Behördeneigenschaft (§ 11 LVwG), soweit sie öffentlich-rechtliche Verwaltungstätigkeit ausüben. Dies ist beim verwaltungsleitenden Organ der Regel-, bei den Gemeindevertretungen jedoch ein Ausnahmefall (z. B. Abberufung von hauptamtlichen Stadträt. nach § 40 a Abs. 2 GO).

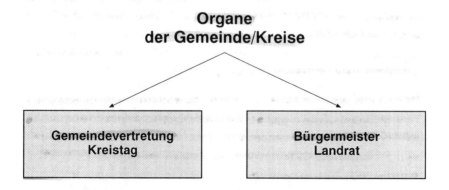

Organe
der Gemeinde/Kreise

| Gemeindevertretung Kreistag | Bürgermeister Landrat |

13

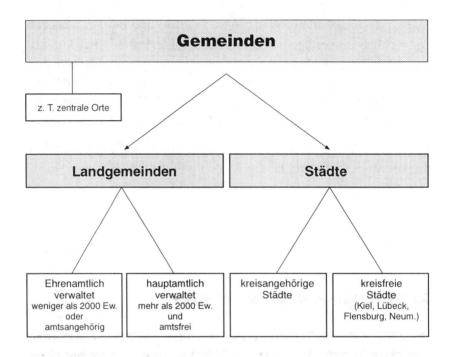

Zu unterscheiden sind amtsangehörige und amtsfreie Gemeinden sowie Gemeinden mit einer/einem hauptamtlichen oder einer/einem ehrenamtlichen Bgm. (§§ 48 und 49 GO). Die Entscheidung darüber, ob eine Gemeinde einem Amt zugeordnet wird, trifft nach § 1 AO der Innenminister. Die Amtsangehörigkeit einer Gemeinde hat zur Folge, daß sie die Beschlüsse der Gemeindevertretung nicht von einer eigenen Verwaltung, sondern von der Amtsverwaltung durchführen läßt (§ 3 AO). Dem Amt obliegt nach § 4 AO auch die Wahrnehmung der den amtsangehörigen Gemeinden übertragenen Aufgaben zur Erfüllung nach Weisung (vgl. Abschn. 17.2).

Eine Gemeinde wird von einer/einem ehrenamtlichen Bgm. geleitet, wenn sie einem Amt angehört oder weniger als 2000 Einwohner hat (§ 48 GO). In diesen Gemeinden hat die/der Bgm. eine Doppelfunktion: Sie/er ist nämlich sowohl Vorsitzende/r der Gemeindevertretung als auch Bürgermeister(in).

14

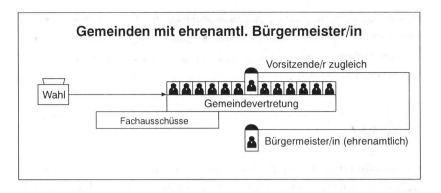

Gemeinden mit ehrenamtl. Bürgermeister/in

Vorsitzende/r zugleich

Wahl

Gemeindevertretung

Fachausschüsse

Bürgermeister/in (ehrenamtlich)

Eine Gemeinde wird von einer/einem hauptamtlichen Bgm. geleitet, wenn sie mehr als 2000 Einwohner hat. Sie darf jedoch keinem Amt angehören oder sie muß die Geschäfte des Amtes führen (Vgl. hierzu § 1 Abs. 3 AO). Einen Ausnahmefall stellt die Gemeinde Helgoland dar, die weniger als 2000 Einw. hat. Ihre Hauptamtlichkeit ergibt sich aus dem Helgoland-Gesetz 1966. Die Funktion der/des Vorsitzenden der Gemeindevertretung werden in den hauptamtlich verwalteten Gemeinden von der/dem Bürgervorsteher(in) wahrgenommen. Die/der Bürgermeister(in) ist nicht Mitglied der Gemeindevertretung, sondern nur für die Leitung der Gemeindeverwaltung zuständig, die den Willen der Gemeindeorgane vollzieht. In hauptamtlich verwalteten Gemeinden muß ein Hauptausschuß (§ 45 a GO) gebildet werden.

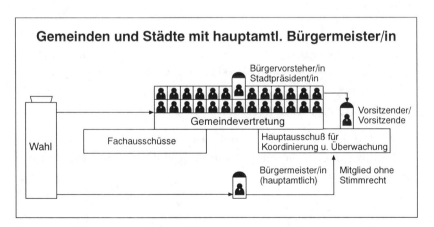

Gemeinden und Städte mit hauptamtl. Bürgermeister/in

Bürgervorsteher/in
Stadtpräsident/in

Gemeindevertretung

Vorsitzender/
Vorsitzende

Wahl

Fachausschüsse

Hauptausschuß für
Koordinierung u. Überwachung

Bürgermeister/in
(hauptamtlich)

Mitglied ohne
Stimmrecht

15

In Gemeinden zwischen 2000 und 5000 Einwohnern, die eigentlich hauptamtlich geleitet werden müßten, kann in der Hauptsatzung bestimmt werden, daß die Gemeinde eine(n) ehrenamtliche(n) Bgm. hat (§ 49 Abs. 2 GO). Die Fälle sind in der Praxis aber sehr selten.

5.2 Städte

Städte sind ebenfalls Gemeinden. Sie haben als Organe die Stadtvertretung und die/den Bürgermeister(in). In der Regel wird die Verwaltung von Städten von einer/einem hauptamtlichen Bürgermeister(in) geleitet. In Städten bis zu 5000 Einw. kann jedoch durch die Hauptsatzung festgelegt werden, daß die Stadt eine/n ehrenamtliche/n Bürgerm. hat (§ 60 GO). Für die/den ehrenamtliche/n Bürgerm. gelten die Vorschriften für ehrenamtl. verwaltete Gemeinden entsprechend (§§ 50 bis 53 GO).

Hauptamtlich verwaltet Städte haben – wie Gemeinden mit hauptamtl. Bürgerm. – einen Hauptausschuß (vgl. § 45 a GO) zu bilden.

Die früher für Städte geltende Magistratsverfassung ist durch das Gesetz zur Änderung des kommunalen Verfassungsrechts 1995 mit Wirkung vom 1. 4. 1998 (in kreisfreien Städten mit Wirkung vom 1. 1. 1997) abgeschafft worden (Gesetz vom 22. 12. 1995, GVOBl. 1996, 33).

Gemeinden kann auf Antrag von der Landesregierung das Stadtrecht verliehen werden. Voraussetzung hierfür sind u. a. eine Einwohnerzahl von mindestens 10 000 und daß die jeweilige Gemeinde Unterzentrum im Sinne der Raumordnung ist (vgl. Landesentwicklungsgrundsätzegesetz) und städtisches Gepräge aufweist (§ 59 GO).

In Städten über 20 000 Einw. muß ein Beamter die Befähigung zum Richteramt oder höheren Verwaltungsdienst besitzen (§ 59 Abs. 4 GO).

16

Amtsfreie
Gemeinde

Amt
mit 4 amtsangehörigen
Gemeinden

Kreisfreie
Stadt

Kreisangehörige
Stadt

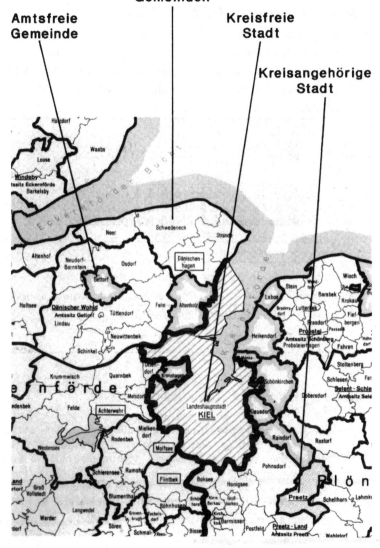

17

5.3 Kreisfreie Städte

Eine Sonderstellung innerhalb der Städte nehmen die vier kreisfreien Städte (Flensburg, Kiel, Lübeck, Neumünster) ein. Dies gilt – von wenigen Ausnahmen abgesehen (z. B. § 62 Abs. 1 – Bezeichnung Oberbürgermeister/in – und § 66 Abs. 1 – Anzahl der Stadträte –) – nicht für ihre innere Verfassung, sondern vor allem für ihre Aufgabenstellung. Sie nehmen nämlich auch die Aufgaben wahr, die sonst den Kreisen übertragen wurden.

5.4 Zentrale Orte

Das Landesentwicklungsgrundsätzegesetz vom 31. 10. 1995 (GVOBl. S. 364) und die Regionalpläne stufen eine Reihe von Gemeinden als Zentrale Orte ein (Oberzentren, Mittelzentren, Unterzentren, ländliche Zentralorte, Stadtrandkerne). Die Zentralen Orte nehmen öffentliche Aufgaben auch für die Bewohner ihres Nahbereichs wahr. Sie erhalten hierfür besondere Dotationen aus dem Finanzausgleich. Kommunalverfassungsrechtlich weisen sie aber keinerlei Besonderheiten auf.

6. Äußere Zeichen der Gemeindehoheit

6.1 Gemeindename

Der Gemeindename ist meist historisch überkommen. Neu gebildete Gemeinden bestimmen ihren Namen selbst (§ 11 GO). Bei Mißbrauch des Gemeindenamens besteht nach § 12 BGB ein Unterlassungs- und Beseitigungsanspruch.

Die Gemeinden und Städte führen ihren Namen im Schriftverkehr. Sie verwenden als Schriftkopf sowohl in Selbstverwaltungs- wie in Weisungsangelegenheiten:

18

„Gemeinde X
Die/der Bürgermeister(in)"

Es können Bezeichnungen für die jeweils zuständige Verwaltungs-
einheit ergänzt werden. Z. B.

Stadt Y
Der Bürgermeister
– Kämmereiamt –

Mit Genehmigung der Kommunalaufsichtsbehörde kann eine Gemeinde ihren Namen ändern. Hierzu bedarf es eines Beschlusses der
Gemeindevertretung (§ 28 Ziff. 9 GO). Hiervon wird aber in der
Praxis nur sehr zurückhaltend Gebrauch gemacht, weil die Änderung des Gemeindenamens erhebliche Auswirkungen nicht nur für
Privatpersonen, sondern auch auf Wirtschaft und Verwaltung haben
kann (z. B. Änderung von Ortsschildern, Telefonbüchern, Kursbü-
chern, Bahnhofsbezeichnungen usw.). Auch die Änderung der
Schreibweise eines Gemeindenamens stellt eine Namensänderung
dar (vgl. § 3 DVO-GO).

6.2 Wappen, Flagge, Siegel

**Gemeinden, Kreise und Ämter müssen Dienstsiegel führen, um Ver-
pflichtungserklärungen abgeben zu können** (Gemeinden: §§ 51
Abs. 2, 56 Abs. 2, 64 Abs. 2 GO, Kreise: § 50 Abs. 2 KrO, Ämter: § 17
Abs. 2 AO). Im übrigen handelt es sich um ein Beglaubigungsmittel.
Zu beachten ist das Gesetz über Hoheitszeichen vom 18. 01. 1957
(GVOBl. S. 29).

Das Wappen ist in gleicher Weise geschützt wie der Name. Es wird
im Siegel, Amtsschild und Briefkopf verwendet. Die Einführung und
Änderung von Wappen und Flagge sind der Gemeindevertretung
bzw. dem Kreistag vorbehalten (§ 28 Ziff. 7 GO, § 23 Ziff. 6 KrO).
Im übrigen ist die Genehmigung durch den Innenminister erforderlich.

19

7. Territoriale Grundlage der Gemeinden

7.1 Gebiet

Das Gemeindegebiet ist ein bestimmter, räumlich abgegrenzter Teil des Staatsgebietes, auf dem die Gemeinden hoheitliche Gewalt ausüben dürfen und ihre öffentlichen Aufgaben wahrnehmen.

§ 5 GO stellt für die Gestaltung des Gemeindegebietes zwei Faktoren in den Vordergrund:

a) Die örtliche Verbundenheit der Einwohner soll gewahrt sein. Hiermit ist weniger die gesellschaftliche Geschlossenheit, sondern in erster Linie das gemeinsame Interesse an der lokalen Verwaltung gemeint.

b) Die Verwaltungs- und Veranstaltungskraft der Gemeinde soll so bemessen sein, daß diese in der Lage ist, die für ihre Einwohner(innen) erforderlichen Einrichtungen zu errichten und zu unterhalten.

Am 31. 12. 1993 gab es in Schleswig-Holstein 1131 Gemeinden (davon 4 kreisfreie Städte, 57 kreisangehörige Städte und 47 amtsfreie Gemeinden) sowie 119 Ämter.

7.2 Gebietsänderung

Gebietsänderungen sind grundsätzlich nach der Verfassung zulässig, da Art. 28 GG nur eine institutionelle Garantie und keine individuelle Garantie für jede Gemeinde darstellt. Voraussetzung für eine Gebietsänderung ist jedoch, daß Gründe des öffentlichen Wohls diese erfordern. Gründe des öffentlichen Wohls können z. B. die Stärkung der Leistungskraft oder die Schaffung übersichtlicher Planungsräume sein. Fälle der Gebietsänderung sind die Umgemein-

dung, die Eingemeindung, die Vereinigung, die Neubildung und die Auflösung (vgl. § 4 DVO-GO).

Im Falle einer Gebietsänderung kommt der Rechtsnachfolge besondere Bedeutung zu. Grundsätzlich gilt, daß die aufnehmende oder neu gebildete Gemeinde vollständig in alle Rechte und Pflichten, die der Rechtsvorgänger für das aufnehmende Gebiet eingegangen war, eintritt. Dabei darf keine Gemeinde unwirtschaftlich belastet oder unverhältnismäßig begünstigt werden (§ 5 Abs. 3 DVO-GO). Die Übernahme des Personals richtet sich nach §§ 35–38 und 245 LBG. Hiernach sind die Mitarbeiter unter Beibehaltung ihres Rechtsstandes zu übernehmen. Verändert sich die bisherige Einwohnerzahl einer Gemeinde in Folge einer Gebietsänderung um mehr als ein Zehntel, so hat der Innenminister die Möglichkeit, die Gemeindevertretung aufzulösen (§ 44 GO). Die Fortgeltung des Ortsrechts regelt sich nach §§ 63 und 70 LVwG. Unterschiedliches Ortsrecht innerhalb einer Gemeinde soll spätestens drei Jahre nach der Gebietsänderung vereinheitlicht sein (vgl. § 5 Abs. 5 DVO-GO).

Eine Grenzänderung kann auf zwei Wegen zustande kommen, nämlich

a) durch Entscheidung der zuständigen Kommunalaufsichtsbehörde oder

b) durch Gesetz.

Auch eine Entscheidung der Kommunalaufsichtsbehörde über eine Gebietsänderung setzt voraus, daß alle beteiligten Gemeinden einverstanden sind. Es handelt sich um eine der Gemeindevertretung vorbehaltene Aufgabe nach § 28 Ziff. 6 GO. Die Entscheidung über die Gebietsänderung wird im Amtsblatt für Schleswig-Holstein öffentlich bekannt gemacht (§ 15 Abs. 4 GO).

Der Innenminister

Gebietsänderungen
Bekanntmachung des Innenministers
vom 9. Dezember 1991 – IV
330 b – 160.22 –

I.

Nach § 15 der Gemeindeordnung für Schleswig-Holstein werden mit Wirkung vom 1. Januar 1992 folgende Gebietsänderungen ausgesprochen:

1 Kreis Dithmarschen

Aus der Stadt Heide werden folgende Flurstücke mit einer Gesamtgröße von 883,20 m^2 in die Gemeine Lohe-Rickelshof umgemeindet:

Gemeinde Heide,
Flur 2, Flurstücke 104/3, 99/14;
Flur 17, Flurstücke 4/48, 4/31, 4/50, 115/24, 24/7, 4/37, 90/14.

Aus der Gemeinde Lohe-Rickelsdorf werden folgende Flurstücke mit einer Gesamtgröße von 826 m^2 in die Stadt Heide umgemeindet:

Gemarkung Rickelshof,
Flur 1, Flurstücke 53/1, 53/2, 52/1, 55/11, 55/6; Flur 2, Flurstücke 113/4, 84/37.

2 Kreis Nordfriesland

Aus der Stadt Husum wird folgendes Flurstück in einer Größe von 594 m^2 in die Gemeinde Mildstedt umgemeindet:

Gemarkung Husum, Flur 35, Flurstück 489/49.

II.

Die diesen Gebietsänderungen zugrunde liegenden Verträge werden genehmigt.

Amtsbl. Schl.-H. 1991
S. 760

Zu der Grenzänderung sind zuvor der betroffene Kreis und das betroffene Amt zu hören (§ 15 Abs. 1 GO).

Die Gebietsänderung soll in der Regel am 1. Januar des auf die Einigung folgenden Jahres wirksam werden (§ 5 Abs. 2 DVO-GO).

Schematische Darstellung
einer gemeindlichen Grenzänderung

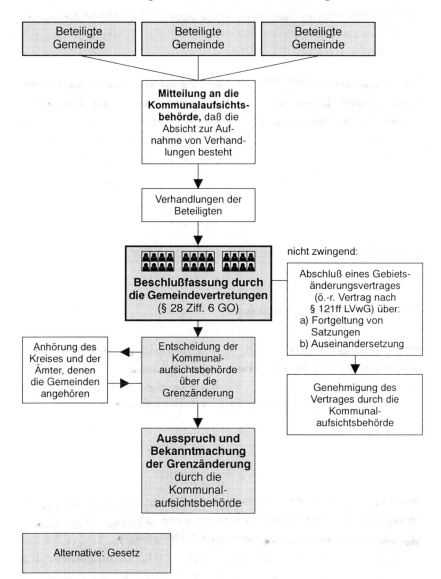

Beteiligte Gemeinde

Beteiligte Gemeinde

Beteiligte Gemeinde

Mitteilung an die Kommunalaufsichts-behörde, daß die Absicht zur Aufnahme von Verhandlungen besteht

Verhandlungen der Beteiligten

Beschlußfassung durch die Gemeindevertretungen (§ 28 Ziff. 6 GO)

nicht zwingend:

Abschluß eines Gebietsänderungsvertrages (ö.-r. Vertrag nach § 121ff LVwG) über:
a) Fortgeltung von Satzungen
b) Auseinandersetzung

Anhörung des Kreises und der Ämter, denen die Gemeinden angehören

Entscheidung der Kommunalaufsichtsbehörde über die Grenzänderung

Genehmigung des Vertrages durch die Kommunalaufsichtsbehörde

Ausspruch und Bekanntmachung der Grenzänderung durch die Kommunalaufsichtsbehörde

Alternative: Gesetz

Durch öffentlich-rechtlichen Vertrag, der der Genehmigung der Kommunalaufsichtsbehörde bedarf, können die an der Grenzänderung beteiligten Gemeinden Näheres über die vermögensrechtliche Auseinandersetzung sowie die Fortgeltung von Gemeindesatzungen vereinbaren.

Die Grenzänderung durch ein vom Landtag zu beschließendes Gesetz ist immer dann notwendig, wenn eine der beteiligten Gemeinden nicht einverstanden ist. Durch ein derartiges Gesetz ist beispielsweise am 1. 1. 1970 die Stadt Norderstedt gebildet worden (Erstes Gesetz einer Neuordnung von Gemeinde- und Kreisgrenzen vom 22. 4. 1969, GVOBl. S. 60).

8. Personelle Grundlagen der Gemeinden

8.1 Einwohnerinnen, Einwohner

Einw. ist, wer in der Gemeinde seinen Wohnsitz hat. Dabei ist unerheblich, ob es sich um den Hauptwohnsitz handelt. Es ist also möglich, in mehreren Gemeinden Einw. zu sein. Zu den Einw. gehören auch Ausländer und Minderjährige (§ 6 Abs. 1 GO).

8.1.1 Benutzung von Einrichtungen

Die Einw. haben das Recht, die gemeindlichen Einrichtungen (z. B. Kindergärten, Altenheime, Krankenhäuser, Theater, Museen, Büchereien, Schwimmhallen) zu benutzen (§ 18 GO). Dabei ist der Gleichheitsgrundsatz zu beachten (Art. 3 GG). Grundbesitzer und Gewerbetreibende, die nicht in der Gemeinde wohnen, sind den Einw. gleichgestellt. Das bevorzugte Recht auf Benutzung der öffentlichen Einrichtungen ist gerechtfertigt, weil die Einw. durch ihre

Abgaben eine Aufgabenerledigung der Gemeinde erst ermöglichen. Einige gemeindliche Einrichtungen sind allerdings dem Gemeingebrauch gewidmet, d. h. sie können von jedermann benutzt werden (z. B. öffentliche Straßen, Wege und Plätze). Diese Widmung erfolgt durch besondere gesetzliche Vorschrift (z. B. § 20 Straßen- und Wegegesetz). Die Einw. sind verpflichtet, zu den öffentlichen Lasten durch Abgaben beizutragen.

8.1.2 Unterrichtung der Einwohnerinnen und Einwohner

Um das Interesse der Einwohnerinnen und Einwohner an der Selbstverwaltung zu wecken und zu fördern, hat die Gemeinde sie über allgemein bedeutsame Angelegenheiten der örtlichen Gemeinschaft regelmäßig zu unterrichten. Damit soll ein möglichst frühzeitiger Informations- und Gedankenaustausch sichergestellt werden. Ziel ist es einerseits, die Entscheidungsgrundlagen der Gemeinde zu verbessern, andererseits Verständnis in der Bevölkerung für die Entscheidungen der Gemeindevertretung zu wecken (§ 16a Abs. 2 GO).

Die Informationspflicht obliegt der/dem Bgm. (§ 16a Abs. 3 GO). Sofern die Gemeindevertretung oder ein Ausschuß abschließend entschieden haben, kann auch die/der jeweilige Vorsitzende die Unterrichtung vornehmen. Die Unterrichtung erfolgt in der Praxis durch Pressemitteilungen, durch Veröffentlichungen im Gemeindemitteilungsblatt, in öffentlichen Versammlungen oder in Einwohnerversammlungen.

8.1.3 Einwohnerversammlung

Mindestens einmal im Jahr sollen die Einw. zur Erörterung wichtiger Angelegenheiten zu einer Einwohnerversammlung einberufen werden. Dies muß geschehen, wenn die Gemeindevertretung dies beschließt. Die Einwohnerversammlungen dienen nicht nur einer Unterrichtung der Einw., sondern sollen bewirken, daß wichtige Gemeindeangelegenheiten erörtert werden. Wichtige Angelegenheiten sind alle über den Einzelfall hinausgehende Planungen, die Errichtung und Schließung von gemeindlichen Einrichtungen sowie die Einführung oder Veränderung gemeindlicher Dienstleistungen.

Ziel der Einwohnerversammlung ist es, zu einer stärkeren Bürgernähe der kommunalen Selbstverwaltung zu kommen. Das Nähere über die Einwohnerversammlung ist in der Hauptsatzung zu regeln. Das gilt insbesondere für die Form der Einladung sowie für das Verfahren. Vorschläge und Anregungen der Versammlung müssen in einer angemessenen Frist von den zuständigen Organen der Gemeinde (vgl. § 7 GO) behandelt werden (§ 16 b GO).

8.1.4 Einwohnerfragestunde

Nach näherer Regelung in der Geschäftsordnung der Gemeindevertretung (§ 34 Abs. 2 GO) kann Einw., die das 14. Lebensjahr vollendet haben, bei öffentlichen Sitzungen der Gemeindevertretung die Möglichkeit eingeräumt werden, Fragen zu Beratungsgegenständen oder anderen Angelegenheiten der örtlichen Gemeinschaft zu stellen. Es handelt sich nicht um eine zwingende Vorschrift. In der Regel wird die Einwohnerfragestunde zu Beginn der Sitzung durchgeführt. Sie ist üblicherweise zeitlich auf 1 oder $1/2$ Stunde begrenzt. Die Gemeindevertretung kann auch beschließen, Sachkundige oder Einw. zu bestimmten Beratungsgegenständen anzuhören (§ 16 c GO). Vgl. hierzu im übrigen Ziffer 10.3.8.6.

8.1.5 Hilfe bei Verwaltungsangelegenheiten

Einw. haben Anspruch auf Beratung und Hilfeleistung bei der Antragstellung in Verwaltungsverfahren (§ 16 d GO). Das gilt auch,

wenn sich das Begehren an eine andere Behörde richtet. In diesen Fällen sollte sich die Hilfeleistung aber darauf beschränken, daß die Gemeinde klärt, welche Behörde sachlich zuständig ist und wann die /der dort zuständige Mitarbeiter(in) anzutreffen ist. Eine weitergehende Beratung kann zu Konflikten mit dem Rechtsberatungsgesetz und unter bestimmten Umständen auch zu Haftungsfolgen führen. Ziel der Vorschrift ist es, eine größtmögliche Bürgerfreundlichkeit zu erreichen.

8.1.6 Anregungen und Beschwerden

Alle Einwohnerinnen und Einwohner können sich mit Petitionen unmittelbar an die Gemeindevertretung wenden. Das Beschwerderecht ist dem Petitionsrecht nach Art. 17 GG nachgebildet. Die Anregungen und Beschwerden müssen stets schriftlich oder zur Niederschrift vorgetragen werden. Da die Zuständigkeit anderer Organe unberührt bleibt, kann die Gemeindevertretung aber nur über solche Beschwerden entscheiden, die sich auf den Bereich der Selbstverwaltungsaufgaben beziehen. Handelt es sich um einen Vorgang aus dem Bereich der Aufgaben zur Erfüllung nach Weisung, so ist unverändert die Zuständigkeit der/des Bgm. gegeben. Die Gemeindevertretung kann aber zu dem Anliegen der/des Einw. Stellung nehmen. Die Antragstellerin bzw. der Antragsteller sind über die Stellungnahme der Gemeindevertretung zu unterrichten (§ 16 e GO).

In Zweifelsfällen sollte bei der bzw. beim Beschwerdeführer(in) nachgefragt werden, ob sich die Beschwerde an die Gemeindevertretung richtet. Um keine Rechtsmittelfristen verstreichen zu lassen, sollte die Gemeinde im übrigen sofort nach Eingang der Beschwerde darauf aufmerksam machen, daß durch sie förmliche Rechtsmittel nicht ersetzt werden. Für die Gemeindevertretung ist die Befassung mit der Beschwerde eine vorbehaltene Aufgabe (§ 28 Ziff. 1 GO). Die Gemeindevertretung kann deshalb keine Beschwerdeausschüsse errichten, die die Petitionen abschließend bescheiden.

8.1.7 Einwohnerantrag

Einwohnerinnen und Einwohner, die das 14. Lebensjahr vollendet haben, haben das Recht, ein bestimmtes Thema durch einen Einwohnerantrag in den kommunalen Entscheidungsprozeß einzubringen und dadurch auf die politische Willensbildung einzuwirken. Der Einwohnerantrag zwingt die Gemeindevertretung, von der ihr zustehenden Entscheidungsbefugnis in bestimmten Fällen Gebrauch zu machen. Er kann sich nur auf Selbstverwaltungsaufgaben, nicht jedoch auf Aufgaben zur Erfüllung und Weisung beziehen. Die Gemeindevertretung kann von einer Beratung und Entscheidung Abstand nehmen, wenn innerhalb des letzten Jahres bereits in gleicher Sache ein Einwohnerantrag gestellt worden ist.

In formeller Hinsicht sind an den Einwohnerantrag mehrere Anforderungen zu stellen. Er muß schriftlich eingereicht werden und ein konkretes Begehren sowie eine Begründung enthalten. Ferner müssen drei Personen benannt werden, die den Einwohnerantrag gegenüber der Gemeindevertretung zu erläutern haben. Diese müssen von der Gemeindevertretung gehört werden (§ 16 f GO).

Für die Unterstützung des Einwohnerantrages gilt ein Quorum. Er muß von mindestens 5% der Einwohnerinnen und Einwohner, die das 14. Lebensjahr vollendet haben, handschriftlich unterzeichnet sein. Die Unterzeichnung erfolgt auf Listen oder Einzelanträgen. Der Einwohnerantrag ist bei der Gemeinde einzureichen. Über die formelle Zulässigkeit eines Einwohnerantrages hat die jeweilige Kommunalaufsichtsbehörde, also der Innenminister bzw. die/der Landr. (vgl. § 121 GO) zu entscheiden. Die Meldebehörde hat die Pflicht, die persönlichen Angaben in den Antragslisten bzw. Einzelanträgen zu prüfen.

Ist ein Einwohnerantrag zulässig gestellt, so hat ihn die Gemeindevertretung unverzüglich, also ohne schuldhafte Verzögerungen, zu beraten und in der Sache entscheiden. Die erste Erörterung hat also in der nächsten Sitzung der Gemeindevertretung zu erfolgen.

28

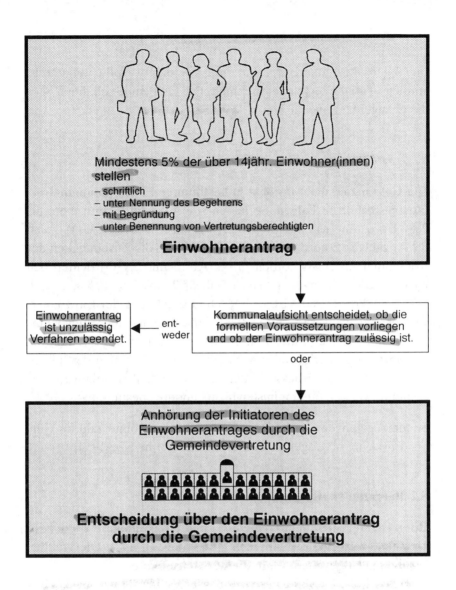

Mindestens 5% der über 14jähr. Einwohner(innen) stellen
- schriftlich
- unter Nennung des Begehrens
- mit Begründung
- unter Benennung von Vertretungsberechtigten

Einwohnerantrag

Einwohnerantrag ist unzulässig Verfahren beendet.

entweder

Kommunalaufsicht entscheidet, ob die formellen Voraussetzungen vorliegen und ob der Einwohnerantrag zulässig ist.

oder

Anhörung der Initiatoren des Einwohnerantrages durch die Gemeindevertretung

Entscheidung über den Einwohnerantrag durch die Gemeindevertretung

Das Nähere zum Einwohnerantrag ist in § 7 DVO-GO bestimmt. Die Regelungen zum Einwohnerantrag gelten in gleicher Weise für die Kreise (§ 16e KrO, § 5 DVO-KrO)

29

8.1.8 Übernahme ehrenamtlicher Tätigkeiten

Im Gegensatz zu den Bürg. sind die Einw. nicht verpflichtet, ehrenamtliche Tätigkeiten zu übernehmen. Die Gemeinde soll ihnen aber die Gelegenheit hierfür bieten (§ 19 Satz 2 GO).

8.1.9 Einwohnerzahl

Die Gesamtzahl der Einw. hat in bestimmten Fällen kommunalverfassungsrechtliche Folgen. So haben z. B. Gemeinden mit mehr als 2000 Einw. eine(n) hauptamtliche(n) Bgm. (§ 49 Abs. 1 GO). Auch die Anzahl der Stadträte (§ 66 Abs. 1 GO) und die Zuständigkeit der Kommunalaufsichtsbehörden (§ 121 Abs. 1 und 2 GO) richten sich nach der Einwohnerzahl (Weitere Fälle: § 2 Abs. 3, § 48, § 49 Abs. 2, § 54, § 59 Abs. 2, § 60 Abs. 1 GO). Die Berechnung der Einwohnerzahl erfolgt nach § 133 GO. Bei Überschreiten einer Einwohnergrenze gilt die vom Statistischen Landesamt nach dem Stand vom 31. März fortgeschriebene Einwohnerzahl vom 1. Januar des folgenden Jahres an. Ein Rückgang der Einwohnerzahl ist solange unbedeutend, wie der Innenminister nichts anderes bestimmt.

Sonderregelungen für die Berechnung der Einwohnerzahl im Falle des Einwohnerantrages enthält die DVO-GO in § 7 Abs. 4.

8.2 Bürgerinnen, Bürger

Bürg. ist, wer nach dem Gemeinde- und Kreiswahlgesetz aktiv zur Gemeindevertretung wahlberechtigt ist (§ 3 GKWG). Die Wahlberechtigung ist gegeben, wenn die/der Betreffende
- **Deutsche(r) im Sinne des Grundgesetzes oder Staatsangehöriger der übrigen EU-Staaten ist,**
- **am Wahltag volljährig ist,**
- **am Wahltag mindestens seit drei Monaten seinen Wohnsitz in der Gemeinde hat und**
- **nicht vom Wahlrecht ausgeschlossen ist.**

Um den Bürg. einen unmittelbaren Anteil an der Willensbildung in der Gemeinde zu gewährleisten und das System der repräsentativen Demokratie zu ergänzen, kann die Gemeindevertretung mit 2/3-Mehrheit ihrer gesetzlichen Mitgliederzahl beschließen, Bürgerinnen und Bürger über wichtige Selbstverwaltungsaufgaben in Form eines Bürgerentscheides selbst entscheiden zu lassen (§ 16g GO). Die Initiative für einen Bürgerentscheid geht in diesem Fall von der Gemeindevertretung aus; dabei wird durch die vorgeschriebene 2/3 Mehrheit verhindert, daß die Gemeindevertretung ihre Verantwortung zu leicht abwälzen kann. Ein Bürgerentscheid kann ferner infolge eines Bürgerbegehrens erforderlich werden.

Ein Bürgerentscheid ist nicht in allen Gemeindeangelegenheiten, sondern nur bei wichtigen Selbstverwaltungsaufgaben zulässig. Aufgaben untergeordneter Bedeutung sowie Aufgaben zur Erfüllung nach Weisung sind deshalb dem Bürgerentscheid entzogen. Für einen Bürgerentscheid kommen insbesondere die Übernahme neuer Aufgaben durch die Gemeinde, die Errichtung oder Veränderung von den Einw. dienenden öffentlichen Einrichtungen, die Mitgliedschaft in Zweckverbänden oder Gebietsänderungen in Betracht. Ein Indiz dafür, ob es sich um eine wichtige Selbstverwaltungsaufgabe handelt, ist, ob sich normalerweise die Gemeindevertretung mit der Angelegenheit beschäftigt hätte. Die Gemeindevertretung trifft nämlich nach § 27 Abs. 1 GO alle für die Gemeinde wichtigen Entscheidungen.

Unzulässig ist ein Bürgerentscheid über die Haushaltssatzung, die Hauptsatzung, über Bauleitpläne, die Jahresrechnung, die Rechtsverhältnisse der Gemeindevertreter/innen, in Personalangelegenheiten, in Entscheidungen in Rechtsmittelverfahren, in pflichtigen Selbstverwaltungsangelegenheiten ohne Ermessensspielraum sowie in Fragen, die die innere Organisation der Gemeindeverwaltung betreffen. Ein Bürgerentscheid kann auch nicht stattfinden, wenn die jeweilige Entscheidung kraft besonderer Gesetzesvorschrift der Gemeindevertretung vorbehalten ist (z. B. Wahl des Vorsitzenden der Gemeindevertretung, Wahl der/des ehrenamtlichen Bgm., Wahl der Ausschußmitglieder, Wahl der Ausschußvorsitzenden, Bestellung der Prüfer(innen) im Rechnungsprüfungsamt). In den genannten Fällen würde eine Entscheidung durch die Bürg. unzweckmäßig sein oder die Gefahr einer unsachlichen Entscheidung in sich bergen.

Vor Durchführung eines Bürgerentscheides muß den Bürg. die Auffassung der Gemeindeorgane bekanntgegeben werden. Gemeindeorgane sind nach § 7 GO die Gemeindevertretung und die/der Bürgermeister(in). In der Regel wird dies durch örtliche Bekanntmachung, in öffentlicher Versammlung oder durch schriftliche Unterrichtung aller Bürg. geschehen. Die Bürg. sollen vor ihrer Entscheidung Kenntnis von allen maßgeblichen Argumenten haben, damit sie diese in ihre Überlegungen und ihr Abstimmungsverhalten einbeziehen können.

Der Bürgerentscheid findet an einem Sonntag statt, den die Gemeindevertretung festlegt (§ 9 Abs. 1 DVO-GO). Eine Zusammenlegung mit allgemeinen Wahlen ist möglich.

Die Rechtswirkung eines Bürgerentscheides entspricht der eines endgültigen Beschlusses der Gemeindevertretung (§ 16g Abs. 8 GO). Die Gemeindevertretung kann einen Bürgerentscheid nicht abändern, es sei denn, daß seit der Entscheidung zwei Jahre vergangen sind. Ein Bürgerentscheid kommt positiv zustande, wenn die Mehrheit der gültigen Stimmen ihm zustimmt; mindestens müssen aber 25% aller stimmberechtigten Bürgerinnen und Bürger dem Antrag zugestimmt haben. Im übrigen gelten für die Durchführung des Bürgerentscheides die Bestimmungen des GKWG und der Gemeinde- und Kreiswahlordnung über die Gemeindewahl (§ 9 Abs. 3 DVO-GO).

Beispiel:
Die Gemeindevertretung hat mit ²/₃ Mehrheit beschlossen, einen Bürgerentscheid über die Errichtung einer Gesamtschule herbeizuführen. Die Gemeinde hat 7553 Einwohner, davon 5970 abstimmungsberechtigte

Bürg. Die nach den Rechtsregeln des GKWG durchgeführte Abstimmung ergibt, daß 1100 Bürg. für die Errichtung der Gesamtschule stimmen, während 610 dagegen votieren. Zwar hat sich die Mehrheit der gültigen Stimmen für die Errichtung der Gesamtschule ausgesprochen; das Quorum von 25% der Stimmberechtigten ist aber nicht erreicht. Aus diesem Grund ist der Antrag abgelehnt.

Ist die erforderliche Mehrheit nicht erreicht worden, so wird in der Sache abschließend durch die Gemeindevertretung entschieden.

Das Nähere des Bürgerentscheides ist in § 9 DVO-GO geregelt. Die KrO enthält gleichlautende Regelungen zum Bürgerentscheid (§ 16 f KrO und § 7 DVO-KrO).

8.2.2 Bürgerbegehren

Der Bürgerentscheid (vgl. 8.2.1) kann von den Bürg. auch erzwungen werden. Das geschieht durch ein Bürgerbegehren (§ 16 g Abs. 3 GO). Allerdings darf sich der beantragte Bürgerentscheid nicht auf eine Angelegenheit beziehen, die innerhalb der letzten zwei Jahre bereits Gegenstand eines Bürgerentscheids aufgrund eines Bürgerbegehrens gewesen ist. Damit soll die häufige Wiederholung von Bürgerentscheiden, deren Durchführung mit erheblichem Aufwand verbunden ist, vermieden werden. Das Bürgerbegehren ist in allen wichtigen Selbstverwaltungsangelegenheiten möglich und kann sich auch gegen einen Beschluß der Gemeindevertretung richten. Im letzteren Falle muß das Bürgerbegehren in einer Frist von vier Wochen nach der Bekanntgabe des Beschlusses eingereicht sein. Die Frist beginnt mit dem Tag nach der Beschlußfassung durch die Gemeindevertretung in öffentlicher Sitzung oder dem Tag nach der öffentlichen Bekanntgabe von in nicht öffentlicher Sitzung gefaßten Beschlüssen (§ 8 Abs. 9 DVO-GO).

Das Bürgerbegehren ist schriftlich zu stellen, weil nur so die Zulässigkeitsvoraussetzungen geprüft werden können. Das Bürgerbegehren muß im übrigen die zu entscheidende Frage klar und ein-

Schematische Darstellung des Bürgerbegehrens

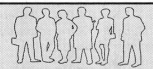

Mindestens 10% der Bürgerinnen und Bürger stellen
- schriftlich
- unter Nennung der zu stellenden Frage
- mit Begründung
- mit Finanzierungsvorschlag
- unter Benennung von Vertretungsberechtigten
das

Bürgerbegehren

Bürgerentscheid
ist unzulässig.
Verfahren beendet.

◄——

Kommunalaufsicht entscheidet,
ob die formellen Voraussetzungen
vorliegen und ob ein Bürgerentscheid
zulässig ist.

Gemeindevertretung beschließt
die begehrte Maßnahme

**Gemeindevertretung leitet das
Verfahren des Bürgerentscheides ein**

▼

Bürgerbegehren ist
gegenstandslos

▼

**Unterrichtung der Bürger über
die Auffassung der Gemeindeorgane (§ 7 GO)**

▼

Bürgerentscheid

**Stimmenmehrheit, mindestens
aber 25% der Stimmberechtigten**

▼

Mehrheit nicht erreicht

**Die Gemeindevertretung hat
abschließend zu entscheiden**

◄——

Mehrheit ist erreicht
**Bürgerentscheid hat
Rechtskraft**

34

deutig formulieren und auch eine Begründung des Problems enthalten. Ferner wird ein Finanzierungsvorschlag verlangt, der sowohl die zu erwartende Kostenhöhe als auch eine Beschreibung von Folgekosten enthalten muß. Damit werden die das Bürgerbegehren tragenden Bürg. gezwungen, sich auch mit den finanziellen Realisierbarkeiten ihres Vorschlages auseinanderzusetzen. Es müssen ferner *bis zu* drei Personen benannt werden, die berechtigt sind, die das Bürgerbegehren verlangenden Bürg. zu vertreten und ihre Wünsche zu erläutern (zur Zulässigkeit vgl. auch Schl.-H. OVG, Die Gemeinde 1992, 292).

Ähnlich wie beim Einwohnerantrag ist für das Bürgerbegehren wiederum ein Quorum vorgeschrieben. Es muß von mindestens 10% der Bürg. unterzeichnet sein (§ 16f Abs. 4 GO). Für die Unterschriften sind Antragslisten oder Einzelanträge zu verwenden (§ 8 Abs. 4 DVO-GO), denen jeweils das Ziel des Bürgerbegehrens vorangestellt werden muß. Die Begründung und der Kostendeckungsvorschlag sind den Antragstellern in geeigneter Weise zur Kenntnis zu geben. Das Bürgerbegehren ist bei der Gemeinde einzureichen. Anschließend ist von der zuständigen Kommunalaufsicht, also dem Innenminister bzw. der/dem Landr. (vgl. § 121 GO), mit Hilfe der Meldebehörde zu entscheiden, ob die formellen Voraussetzungen für die Zulässigkeit des Bürgerbegehrens vorliegen. Ist dies der Fall, so muß das Verfahren zur Durchführung des Bürgerentscheides mit Hilfe der Gemeindeverwaltung in die Wege geleitet werden. Allerdings kann die Gemeindevertretung dem Bürgerbegehren die Grundlage entziehen, wenn sie die mit der Durchführung des Bürgerbegehrens verlangte Maßnahme von sich aus beschließt. In diesem Fall ist das Bürgerbegehren gegenstandslos (§ 16g Abs. 5 GO). Allerdings ist die Gemeindevertretung zwei Jahre an ihren Beschluß gebunden.

Das Nähere zum Bürgerbegehren enthält § 8 DVO-GO. Die KrO enthält gleichlautende Regelungen zum Bürgerbegehren (§ 16f KrO, § 6 DVO-KrO).

8.3 Pflichten der Bürgerinnen und Bürger

8.3.1 Verpflichtung zur Übernahme einer ehrenamtlichen Tätigkeit oder eines Ehrenamtes

Die Bürg. sind nach § 19 GO verpflichtet, Ehrenämter und ehrenamtliche Tätigkeiten zu übernehmen, wenn die Gemeinde dies verlangt (z. B. Volkszähler, Viehzähler, Wahlvorsteher, Beisitzer oder Schriftführer im Wahlvorstand). Einw. können die Ausübung entsprechender Tätigkeiten ablehnen. Ehrenamtliche Tätigkeit ist die nebenberufliche, unbesoldete und in der Regel vorübergehende Wahrnehmung von gemeindlichen Aufgaben. Ein Verstoß gegen das Verbot der Zwangsarbeit (Art. 12 Abs. 2 GG) liegt nicht vor, da es sich um eine herkömmliche, allgemeine Dienstleistungspflicht handelt. Gegenüber der ehrenamtlichen Tätigkeit setzt das Ehrenamt Hoheitsfunktionen voraus und ist in der Regel auf längere Zeit angelegt. Die Wahrnehmung eines Ehrenamtes ist mit der Ernennung zum Ehrenbeamten verbunden. Damit gelten die beamtenrechtlichen Vorschriften entsprechend (§ 188 LBG). Ehrenbeamte erhalten eine Ehrenurkunde, die die Worte „unter Berufung in das Beamtenverhältnis als Ehrenbeamter" enthalten muß (§ 8 LBG). Keine Anwendung finden die beamtenrechtlichen Bestimmungen, die sich ihrer Natur nach nur auf Berufsbeamte beziehen können (z. B. Arbeitszeit, Besoldung, Versorgung). Ehrenbeamte sind z. B. die ehrenamtlichen Bgm. (§ 50 Abs. 6 GO), die Stellv. des hauptamtlichen Bürgerm. (§§ 57 e, 62 Abs. 3 GO) und die Gemeindewehrführer, nicht dagegen die Bürgervorsteher, Stadtpräsidenten oder Kreispräsidenten.

Die Übernahme eines Ehrenamtes oder einer ehrenamtlichen Tätigkeit kann nur abgelehnt werden, wenn der betreffende Bürg. einen wichtigen Grund nachweisen kann (§ 20 GO). Ein wichtiger Grund liegt dann vor, wenn dem Betreffenden die Ausübung der Tätigkeit nicht zugemutet werden kann (z. B. Krankheit, hohes Alter). Wer ohne wichtigen Grund die Ausübung einer ehrenamtlichen Tätigkeit

bzw. eines Ehrenamtes ablehnt, handelt ordnungswidrig (§ 134 Abs. 4 GO).

Ehrenbeamtinnen bzw. Ehrenbeamte oder ehrenamtlich Tätige können von der Gemeinde abberufen werden, wenn hierfür ein wichtiger Grund vorliegt. Ein wichtiger Grund ist insbesondere gegeben, wenn die/der Betreffende gröblich Pflichten verletzt (§ 20 Abs. 3 GO).

8.3.2 Ausübung der ehrenamtlichen Tätigkeit

Allgemein gilt für die Ausübung ehrenamtlicher Tätigkeiten, daß diese unparteiisch und gewissenhaft zu erfolgen hat. Hierauf sind die ehrenamtlich tätigen Bürgerinnen und Bürger zu verpflichten (§ 21 Abs. 1 GO). Den ehrenamtlich Tätigen ist die für die Bewerbung um eine ehrenamtliche Tätigkeit und für deren Ausübung die notwendige freie Zeit zu gewähren (§ 24a GO). Die Regelung führt nicht automatisch zu einer Verkürzung der regelmäßigen Arbeitszeit, sondern verpflichtet Arbeitgeber lediglich zur Freistellung zur Ausübung der ehrenamtlichen Tätigkeit. Für Angehörige des öffentlichen Dienstes gibt es besondere Freistellungsvorschriften im LBG (§ 105), im BAT (§ 52) und im BMT-G (§ 29).

Ehrenamtlich Tätigen und Ehrenbeamtinnen bzw. Ehrenbeamten darf wegen ihrer Tätigkeit für die Gemeinde nicht von ihrem Arbeitgeber gekündigt werden (§ 24a GO).

8.3.3 Verschwiegenheitspflicht

Die ehrenamtlich tätigen Bürgerinnen und Bürger sind wie Beamte zur Verschwiegenheit verpflichtet (§ 21 Abs. 2 GO). Das gilt für sämtliche Angelegenheiten, die ihnen in Ausübung ihrer ehrenamtlichen Tätigkeit bekannt geworden sind, soweit diese nicht offenkundig sind. Offenkundig sind Tatbestände, von denen sich jedermann ohne Schwierigkeiten Kenntnis verschaffen kann. Die Verpflichtung zur Verschwiegenheit hat schriftlich zu erfolgen. Die Verletzung der Verschwiegenheitspflicht stellt einen Straftatbestand nach dem Strafgesetzbuch dar (§§ 203, 353 b und 355 StGB) und kann ggfs auch als Ordnungswidrigkeit geahndet werden (§ 134 Abs. 3 GO).

Die Verschwiegenheitspflicht gilt auch für Mitglieder der Gemeindevertretung (§ 32 Abs. 3 GO). Soweit Angelegenheiten in nichtöffentlichen Sitzungen erörtert werden, unterliegen diese der Verschwiegenheit (OVG Rh.-Pf., Die Gemeinde 1977, 190).

Soweit in Angelegenheiten, die der Verschwiegenheitspflicht unterliegen, als Zeuge vor Gericht ausgesagt werden soll, ist hierfür eine Genehmigung der Gemeinde erforderlich.

8.3.4 Ausschließungsgründe

Zur Vermeidung von Interessenkollisionen dürfen Ehrenbeamtinnen und Ehrenbeamte und ehrenamtlich tätige Bürgerinnen und Bürger in bestimmten Angelegenheiten nicht tätig werden (§ 22 GO). Am häufigsten tritt dieses Verbot bei Sitzungen der Gemeindevertretung und der Ausschüsse auf. Für Mitglieder der Gemeindevertretung gilt § 22 entsprechend (§ 32 Abs. 3 GO), für die Mitglieder der Ausschüsse ebenfalls (§ 46 Abs. 11 GO). Soweit ein Verwaltungsverfahren vorliegt, gelten als Spezialnorm die Vorschriften in § 81 LVwG.

Nicht tätig werden darf die/der Betreffende, wenn die Entscheidung
– ihr/ihm selbst,
– der Ehegattin bzw. dem Ehegatten,
– den Verwandten bis zum 3. Grade und Verschwägerten bis zum 2. Grade (vgl. hierzu §§ 1589, 1590 BGB)
– den von ihr bzw. ihm kraft Gesetzes oder Vollmacht vertretenen juristischen oder natürlichen Personen (z. B. Anwältinnen und Anwälte, Steuerberater(innen), Architektinnen und Architekten)

einen unmittelbaren Vor- oder Nachteil bringen kann. Dabei reicht bereits die Möglichkeit eines Vor- oder Nachteils aus. Dieser kann sowohl materieller als auch immaterieller Art (z. B. Verleihung der Ehrenbürgerrechte) sein. Unmittelbar bedeutet, daß keine Folgeentscheidungen mehr notwendig sind. Die Notwendigkeit des verwaltungstechnischen Vollzugs hindert die Unmittelbarkeit nicht.

1. Beispiel:
Eine Gemeindevertretung einer ehrenamtlich verwalteten Gemeinde beschließt über die Einstellung eines Verwaltungsangestellten. Mitglied der Gemeindevertretung ist auch der Bruder eines der Bewerber. Die Tatsache, daß ein Arbeitsverhältnis erst durch den späteren Abschluß eines Arbeitsvertrages zustande kommt, hemmt die Unmittelbarkeit nicht.

2. Beispiel:
Die Gemeindevertretung berät über den Haushaltsplan, der u. a. einen Ansatz „Zuschuß an Sportvereine" vorsieht. Mitglied der Gemeindevertretung ist auch der Vorsitzende eines Sportvereins. Dieser ist zwar nach den Vorschriften des BGB gesetzlicher Vertreter des Vereins; der Haushaltsplan begründet jedoch keine Ansprüche des Vereins (§ 78 Abs. 3 GO). Für die Bewilligung eines Zuschusses an seinen Sportverein bedarf es somit einer Folgeentscheidung. Der Betreffende darf deshalb mitwirken.

3. Beispiel:
Der Fremdenverkehrsausschuß berät aufgrund einer entsprechenden Delegation durch die Stadtvertretung über die Durchführung einer groß angelegten Fremdenverkehrswerbung, durch die die Zahl der Touristen in der Stadt erhöht werden soll. Ein Ausschußmitglied ist Hotelbesitzerin. Für sie können sich zwar aus den Werbemaßnahmen möglicherweise Vorteile durch neue Hotelgäste ergeben; dies ist aber keine unmittelbare Folge des Beschlusses, so daß sie mitwirken darf.

4. Beispiel:
Die Gemeindevertretung beschließt über die öffentliche Ausschreibung von Bauleistungen für ein gemeindliches Hochbauvorhaben. Mitglied der Gemeindevertretung ist auch ein Bauunternehmer, der an dem Auftrag interessiert ist und sich an der Ausschreibung beteiligen will. Er darf mitwirken, weil sich aus der Beteiligung an der Ausschreibung noch keine unmittelbaren Vor- oder Nachteile ergeben können. Bei der späteren Vergabe der Aufträge würde aber eine unmittelbare Wirkung vorliegen, so daß er dabei auszuschließen wäre.

5. Beispiel:
Der Finanzausschuß berät einen Antrag auf Steuerstundung. Mitglied des Ausschusses ist auch der Sohn des Steuerschuldners. Obwohl der Ausschuß nur einen Beschlußvorschlag für die Gemeindevertretung unterbreitet, ist der Sohn des Steuerschuldners auszuschließen. Der Ausschuß faßt zwar nicht den abschließend erforderlichen Beschluß der Gemeindevertretung; das Verfahren der Willensbildung ist aber nicht trennbar, sondern geht ineinander über.

6. Beispiel:
Die Gemeindevertretung beschließt über einen Bebauungsplan. Eine Gemeindevertreterin ist Grundstückseigentümerin einer landwirtschaftlichen Fläche, die der B-Plan zu einem Wohngebiet umwidmen will. Auch wenn sie keine Veräußerungsabsichten hat, ist mit der Beschlußfassung ein unmittelbarer Vorteil für sie verbunden. Dieser besteht in der Wertsteigerung ihres Grundstückes. Sie darf deshalb nicht mitwirken.

Das Mitwirkungsverbot besteht auch, wenn der Arbeitgeber des ehrenamtlich Tätigen oder die juristische Person, bei der er im Vorstand oder in einem ähnlichen Organ mitwirkt, ein besonderes wirtschaftliches oder persönliches Interesse an der Sache hat. Gleiches gilt für gesellschaftliche Beteiligungen des ehrenamtlich Tätigen. Dabei wird es wegen des geforderten „besonderen" Interesses häufig zu Auslegungsschwierigkeiten kommen. Insoweit ist auf den Einzelfall abzustellen. Dabei sind z. B. die Bedeutung der Maßnahme für den Betriebsablauf, der Wert des Geschäftes, die Betriebsgröße, der Umsatz oder das Finanzvolumen des Dritten zu berücksichtigen. Angelegenheiten, die für den Dritten ein Routinegeschäft darstellen, führen nicht zum Ausschluß.

Dem Mitwirkungsverbot unterliegt auch derjenige, der außerhalb seiner Eigenschaft als Ehrenbeamtin oder Ehrenbeamter oder ehrenamtlich Tätiger in der Angelegenheit ein Gutachten abzugeben hat. Dabei ist unbeachtlich, ob dies gegen Entgelt geschehen ist. Das Vorliegen einer gutachtlichen Tätigkeit kann nur bejaht werden, wenn sich die/der ehrenamtlich Tätige detailliert mit den in Betracht kommenden Problemen auseinandersetzt, das Für und Wider sorgfältig gegeneinander abgewogen und daraus bestimmte Schlußfolgerungen gezogen hat. Hintergrund dieses Mitwirkungsverbots ist die

Vermutung, daß die/der Betreffende nicht mehr einer freien Gewissensentscheidung unterliegt.

Das Mitwirkungsverbot gilt nicht für Wahlen, andere Beschlüsse, mit denen ein Kollegialorgan jemanden aus seiner Mitte auswählt und für Abberufungen. Wahlen sind nur solche Berufsvorgänge, die ausdrücklich durch Gesetz als Wahl bezeichnet werden (§ 40 Abs. 1 GO). Das gilt auch für Berufsbeamtenstellen (z. B. Wahl der Stadträte). Eine Auswahl, die nur aus der Mitte eines Gremiums erfolgen darf, kann insbesondere durch Satzung oder Beschluß der Gemeindevertretung beschrieben werden (z. B. Auswahl der Gemeindevertreter/innen für die Gremien der kommunalen Landesverbände). Ferner gilt das Mitwirkungsverbot nicht in den Fällen, in denen der Vor- oder Nachteil nur darauf beruht, daß die/der Betreffende einer bestimmten Berufs- oder Bevölkerungsgruppe angehört, deren gemeinsame Interessen durch die Angelegenheit berührt werden. Typische Berufs- oder Bevölkerungsgruppen sind z. B. Grundstückseigentümer (nicht aber die Anlieger einer bestimmten Straße), die Hundehalter, die Einwohner, die Sozialhilfeempfänger, die Erwerbslosen, die Gewerbetreibenden. Sie haben das gemeinsame Merkmal, daß es in der Regel problemlos ist, ihnen zuzugehören.

1. *Beispiel:*
   Die Stadtvertretung wählt einen Stadtrat. Unter den Bewerbern befindet sich auch der Sohn eines Stadtvertreters. Obwohl der Personenkreis erfüllt ist und durch die Erlangung des Statusses eines Beamten auch ein unmittelbarer Vorteil für den Vorgeschlagenen zu bejahen ist, gilt das Mitwirkungsverbot nicht, weil es sich nach § 67 GO um eine Wahl handelt.

2. *Beispiel:*
   Die Gemeindevertretung beschließt über eine Erhöhung der Grundsteuer. Mehrere Gemeindevertreter sind Eigentümer von Grundstücken in der Gemeinde. Obwohl sie aus der Entscheidung einen unmittelbaren Nachteil haben können, unterliegen sie nicht dem Mitwirkungsverbot, weil die gemeinsamen Interessen sämtlicher Grundstückseigentümer in der Gemeinde betroffen sind.

3. Beispiel:

Die Gemeindevertretung beschließt über die Entsendung eines Gemeindevertreters als Delegierter in die ausschließlich aus Bürgermeistern und Gemeindevertretern bestehende Mitgliederversammlung des Schleswig-Holsteinischen Gemeindetages. Es handelt sich zwar nicht um eine Wahl im Sinne von § 40 Abs. 1 GO; es liegt aber ein Beschluß vor, mit dem ein Gemeindevertreter aus der Mitte der Gemeindevertretung ausgewählt werden soll. Der Betreffende darf deshalb mitstimmen.

Liegt ein Mitwirkungsverbot vor, so darf die/der Betreffende während der Beratung und Entscheidung nicht anwesend sein; die/der Ausgeschlossene hat den Sitzungsraum zu verlassen, weil bereits die bloße Anwesenheit die übrigen Gemeindevertr. beeinflussen könnte. Die/der Betreffende hat selbst darauf aufmerksam zu machen, daß sie/er nicht mitwirken darf (§§ 22 Abs. 3 GO). Gemeindevertreter oder bürgerliche Ausschußmitglieder, die vorsätzlich Ausschließungsgründe nicht mitteilen, handeln ordnungswidrig (§ 134 Abs. 3 GO). Bestehen Zweifel über das Vorliegen von Ausschlußgründen so entscheidet die Gemeindevertretung durch Beschluß. Dieser Beschluß ist eine widerlegbare Vermutung und kann von den Ausgeschlossenen angefochten werden.

Zur Feststellung der Beschlußfähigkeit reduziert sich die gesetzliche Mitgliederzahl um auszuschließende Gemeindevertr. (§ 38 Abs. 2 GO). Vgl. hierzu Ziff. 10.3.8.2.

Kommt ein Beschluß unter Mitwirkung eines Ausgeschlossenen zustande, so ist zu prüfen, ob die Stimme der/des Ausgeschlossenen entscheidend für das Zustandekommen der Entscheidung war. Ist dies nicht der Fall, so ist der Rechtsverstoß unbeachtlich. War die Stimme ausschlaggebend, so gilt der Rechtsverstoß nach Ablauf eines Jahres als geheilt, es sei denn, daß ein Rechtsbehelf eingelegt worden ist, die Kommunalaufsichtsbehörde eingeschritten ist oder die/der Bgm. dem Beschluß widersprochen hat (§ 22 Abs. 5 GO).

Einzelne Gemeindevertreter haben keine Klagebefugnis zur Feststellung von Ausschließungsgründen bei Dritten (VG Schleswig, Die Gemeinde 1990, 69).

42

Ausschließungsgründe
§ 22 GO

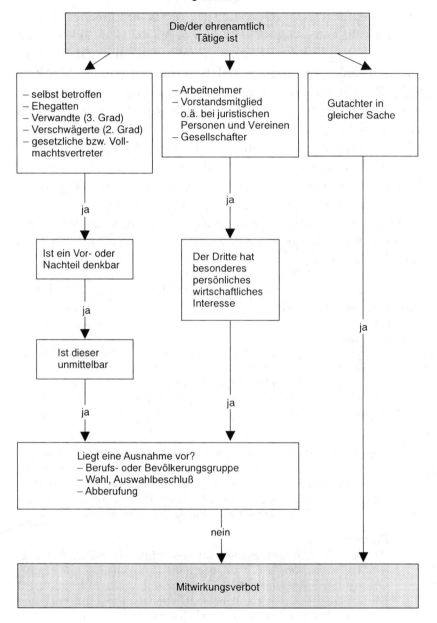

Die/der ehrenamtlich Tätige ist

- selbst betroffen
- Ehegatten
- Verwandte (3. Grad)
- Verschwägerte (2. Grad)
- gesetzliche bzw. Vollmachtsvertreter

- Arbeitnehmer
- Vorstandsmitglied o.ä. bei juristischen Personen und Vereinen
- Gesellschafter

Gutachter in gleicher Sache

ja

ja

Ist ein Vor- oder Nachteil denkbar

Der Dritte hat besonderes persönliches wirtschaftliches Interesse

ja

Ist dieser unmittelbar

ja

ja

ja

Liegt eine Ausnahme vor?
- Berufs- oder Bevölkerungsgruppe
- Wahl, Auswahlbeschluß
- Abberufung

nein

Mitwirkungsverbot

43

Die Treuepflicht (§ 23 GO) enthält das Verbot für Ehrenbeamtinnen und Ehrenbeamte, Ansprüche Dritter gegen die Gemeinde geltend zu machen (sogenanntes absolutes Vertretungsverbot). Gleiches gilt für Gemeindevertreterinnen und Gemeindevertreter (§ 32 Abs. 3 GO). Ziel der Regelung ist es, Interessenkollisionen zu vermeiden. Ein Anspruch liegt vor, wenn von der Gemeinde ein Tun, Dulden oder Unterlassen verlangt wird (z. B. Bewilligung von Sozialhilfe, Genehmigung eines Bauantrages). Einfache Bitten, Anregungen oder Beschwerden sind dagegen keine Ansprüche im Sinne von § 23 GO. Das Vertretungsverbot gilt für andere ehrenamtlich tätige Bürg. in abgeschwächter Form. Sie dürfen Ansprüche Dritter nur dann nicht geltend machen, wenn der Anspruch mit den Aufgaben ihrer ehrenamtlichen Tätigkeit einen Zusammenhang aufweist (relatives Vertretungsverbot).

Eine Ausnahme ist dann gegeben, wenn der Dritte kraft Gesetzes vertreten wird (z. B. Eltern, Vormund, Vorstandsmitglieder).

1. *Beispiel:*
   Steuerberater A. ist gleichzeitig Gemeindevertreter. Er wird von einem Einw. gebeten, gegen einen an diesen gerichteten Grundsteuerbescheid Einspruch zu erheben. A. darf nicht tätig werden, weil es sich um den Anspruch eines Dritten handelt und er nicht gesetzlicher Vertreter dieses Dritten ist.

2. *Beispiel:*
   Rechtsanwalt B. hat als Wahlvorsteher an der Kommunalwahl mitgewirkt. Nach der Wahl wird er von einem Wahlberechtigten gebeten, für diesen Einspruch gegen die Gültigkeit der Wahl einzulegen. B. darf nicht tätig werden, weil zwischen dem Einspruch und den Aufgaben als ehrenamtlich Tätiger ein direkter Zusammenhang besteht.

3. *Beispiel:*
   Architekt C. ist für die Gemeinde als Volkszähler ehrenamtlich tätig. E. wird von einem Bürger gebeten, gegen die Versagung einer Baugenehmigung durch die Gemeinde Rechtsmittel einzulegen. C. kann diesem Wunsch folgen, weil zwischen seiner ehrenamtlichen Tätigkeit und dem Anspruch des Dritten keinerlei Zusammenhang besteht.

Die Gemeinde kann sich in juristischen Personen oder sonstigen Vereinigungen durch Ehrenbeamtinnen bzw. Ehrenbeamte oder ehrenamtlich tätige Bürg. vertreten lassen (z. B. Zweckverband, Schulverband, Planungsverband, Sparkassenorgane, Verkehrsbetriebe, kommunale Landesverbände, Versorgungsbetriebe, Wohnungsbaugesellschaften). Hierzu bedarf es eines Beschlusses der Gemeindevertretung (§ 28 Ziff. 20 GO). Da die ehrenamtlich tätigen Bürg. die Interessen der Gemeinde zu vertreten haben, unterliegen sie den Weisungen der Gemeinde (§ 25 GO). Die Weisungen werden durch die bei der Gemeinde zuständigen Organe formuliert. Liegt eine Weisung nicht vor, entscheidet die jeweilige Person nach eigenem Ermessen.

Wird eine Weisung nicht befolgt, so berührt dies nicht die Rechtmäßigkeit des Verfahrens in der jeweiligen Drittorganisation; der ehrenamtlich Tätige handelt aber ordnungswidrig (§ 134 Abs. 1 GO).

Die Vertretung in den Drittorganisationen endet automatisch mit der Beendigung der ehrenamtlichen Tätigkeit oder durch Abberufung durch die Gemeinde. Die Abberufung erfolgt entweder durch einen einfachen Beschluß der Gemeindevertretung nach § 39 GO oder – sofern der Berufung eine Wahl zugrundeliegt – nach den besonderen Regeln des § 40a GO.

Für die Vertreter der Gemeinde in Eigengesellschaften oder bei gesellschaftlichen Beteiligungen gilt das Gleiche (§ 104 GO).

8.4 Entschädigung

Die ehrenamtlich tätigen Bürg. und Ehrenbeamten sollen durch ihre Tätigkeit keine finanziellen Einbußen erleiden. Aus diesem Grunde räumt § 24 GO ihnen Anspruch auf Ersatz ihrer Auslagen sowie des entgangenen Arbeitsverdienstes einschließlich des darauf entfallen-

**den Arbeitgeberanteils zur Sozialversicherung und auf Reisekosten-
vergütung ein. Das Nähere regelt die Entschädigungsverordnung.**
Diese Verordnung legt für die Entschädigungen Höchstsätze fest. Sie
läßt für die Ehrenbeamtinnen und Ehrenbeamten und die Vorsitzenden der Vertretungskörperschaften sowie die Fraktionsvorsitzenden,
die Vorsitzenden des Ortsbeirates sowie der sonstigen Beiräte eine
Aufwandsentschädigung zu, die in monatlichen Pauschalbeträgen gezahlt wird und durch die der Ersatz der Auslagen pauschal abgegolten wird. Neben der Aufwandsentschädigung sind der entgangene
Arbeitsverdienst und Reisekosten zu erstatten. Für Gemeindevertreter und Kreistagsabgeordnete ist die Zahlung einer monatlichen Aufwandsentschädigung zwingend (§ 32 Abs. 3 GO, § 27 Abs. 3 KrO).

Für die Teilnahme an Sitzungen kann ein Sitzungsgeld gezahlt werden, sofern dies für Gemeindevertreter durch die Zahlung der Aufwandsentschädigung nicht ausgeschlossen wurde.

Die Einzelheiten über die Entschädigung der ehrenamtlich tätigen
Bürger sind in der Hauptsatzung zu regeln (§ 24 Abs. 3 GO). Vgl.
hierzu Satzungsmuster des Innenministers (Amtsbl. 1990 S. 389 ff.).

8.5 Kündigungsschutz

Um ehrenamtlich tätigen Bürg. und Ehrenbeamtinnen und Ehrenbeamten den erforderlichen arbeitsrechtlichen Schutz zu gewährleisten, ist es unzulässig, ihnen wegen ihrer ehrenamtlichen Tätigkeit zu
kündigen (Art. 4 LVerf und § 24 a GO). Andere in der Person des
eherenamtlich Tätigen liegende Entlassungsgründe werden hierdurch aber nicht berührt.

8.6 Gewährung der erforderlichen Zeit

Soweit ehrenamtlich Tätige Arbeitnehmer sind, dürfen sie wegen
ihrer ehrenamtlichen Tätigkeit am Arbeitsplatz nicht benachteiligt

werden. Ferner muß ihnen ihr Arbeitgeber die für die Ausübung der ehrenamtlichen Tätigkeit oder des Ehrenamtes erforderliche freie Zeit gewähren. Die ehrenamtlich Tätigen sind verpflichtet, ihre Inanspruchnahme so früh wie möglich anzuzeigen und ggfs. nachzuweisen (z. B. durch Einladungen zu Sitzungen). Die Arbeitgeber können verlangen, daß die Zeit nachgearbeitet wird (§ 24a GO).

9. Ehrenbürgerinnen, Ehrenbürger, Ehrenbezeichnungen

Personen, die sich um eine Gemeinde besondere Verdienste erworben haben, kann das Ehrenbürgerrecht verliehen werden. Die Verdienste müssen sich auf die Gemeinde beziehen, so daß z. B. allgemeine staatliche Verdienste nicht ausreichen. Ausgezeichnet werden kann jede Person mit entsprechenden Verdiensten, also z. B. auch Nichteinwohner und Ausländer. Die Auszeichnung ist nicht mit besonderen Rechten verbunden. Insbesondere erlangt die betreffende Person durch die Verleihung der Ehrenbürgerrechte nicht die Rechte eines Bürg., wenn sie diese nicht ohnehin hat (§ 26 GO).

Ehrenbezeichnungen sind z. B. „Ehrenbürgermeister" oder „Ehrenbürgervorsteher". Sie können Gemeindevertreterinnen und Gemeindevertretern sowie Ehrenbeamtinnen und Ehrenbeamten verliehen werden, die mindestens 20 Jahre ihre Tätigkeit ausgeübt haben (§ 26 Abs. 2 GO). Die Entscheidung über die Verleihung des Ehrenbürgerrechtes bzw. einer Ehrenbezeichnung ist der Gemeindevertretung vorbehalten (§ 28 Ziffer 8 GO). Die Entscheidung wird politisch getroffen. Die Vergabe der Auszeichnungen erfolgt nach der bisherigen Praxis außerordentlich restriktiv.

10. Innere Gemeindeverfassung

10.1 Begriff

Unter dem Begriff innere Gemeindeverfassung sind alle Regelungen zu verstehen, die sich auf die Arbeit der Organe, ihre Aufgaben, ihre Bildung und Zusammensetzung und ihr Verhältnis zueinander beziehen. Organe sind in Gemeinden und Städten die Gemeindevertretung und die Bürgermeisterin bzw. der Bürgermeister (§ 7 GO), in Kreisen der Kreistag und die Landrätin bzw. der Landrat (§ 7 KrO) und in Ämtern der Amtsausschuß und die Amtsvorsteherin bzw. der Amtsvorsteher (§§ 9 und 11 AO). Soweit diese öffentlich-rechtliche Verwaltungstätigkeit ausüben, sind sie Behörden (§ 11 LVwG). Für die innere Gemeindeverfassung gilt das verfassungsrechtlich gesicherte Demokratiegebot (Art. 28 Abs. 1 GG, Art. 2 Abs. 2 und Art. 3 Abs. 1 LVerf). Hiernach muß das Volk eine Vertretung haben, die in unmittelbaren, gleichen, freien, geheimen und allgemeinen Wahlen gewählt wurde. In Gemeinden bis zu 70 Einwohnern tritt an die Stelle der Gemeindevertretung die Gemeindeversammlung, die aus den Bürg. der Gemeinde besteht (§ 54 GO).

Ein besonderer Fall der Willensbildung ist der Bürgerentscheid (vgl. Ziff. 8.2.1). Hier tritt die gesamte Bürgerschaft an die Stelle der üblicherweise zur Willensbildung aufgerufenen Gemeindevertretung.

10.2 Verfassungssysteme

Im Laufe der Kommunalgeschichte haben sich verschiedene Verfassungssysteme entwickelt. So gibt es z. B. die Bürgermeisterverfassung, die Magistratsverfassung, die Süddeutsche Ratsverfassung und das britische System. Das schleswig-holsteinische Kommunalverfassungsrecht kennt für Gemeinden und Städte nur die Bürgermeisterverfassung. Die bis zum 31. 3. 1998 für die Städte (in kreisfreien

Schematische Darstellung der Organe

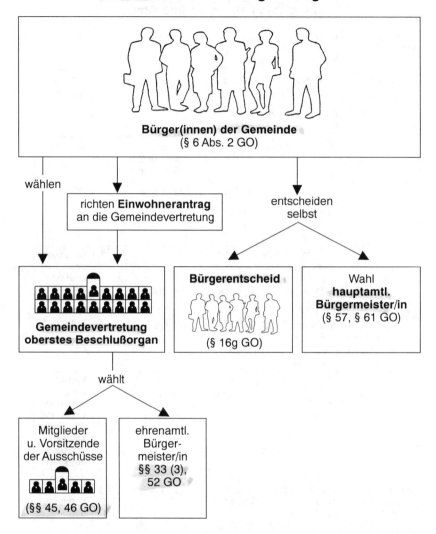

Bürger(innen) der Gemeinde
(§ 6 Abs. 2 GO)

wählen

richten **Einwohnerantrag** an die Gemeindevertretung

entscheiden selbst

Gemeindevertretung oberstes Beschlußorgan

Bürgerentscheid
(§ 16g GO)

Wahl **hauptamtl. Bürgermeister/in**
(§ 57, § 61 GO)

wählt

Mitglieder u. Vorsitzende der Ausschüsse
(§§ 45, 46 GO)

ehrenamtl. Bürger- meister/in §§ 33 (3), 52 GO

Städten bis 31. 12. 1996) geltende Magistratsverfassung wurde durch die Kommunalrechtsnovelle 1995 abgeschafft. Die Bürgermeister-verfassung unterscheidet einen echten und einen unechten Typ. Bei der echten Bürgermeisterverfassung ist die/der Bgm. Mitglied und Vorsitzende(r) der Gemeindevertretung und – sofern die Gemeinde

Übersicht über die Organe und Aufsichtsbehörden der Gemeinden, Kreise und Ämter

ehrenamtl. Gemeinden	hauptamtl. Gemeinden und Städte	Kreise	Ämter		
Gemeindevertretung (§ 31 GO i. V. m. GKWG)	Gemeinde-/ Stadtvertretung (§ 31 GO i. V. m. GKWG)	Kreistag (§ 26 KrO i. V. m. GKWG)	Amtsausschuß (§ 9 AO)	**1.**	**oberstes Organ**
gewählten Vertretern(innen)			Bürgermeistern (innen) und weiteren Mitgliedern	1.1	**besteht aus**
Bürgermeister(in) (§§ 33, 52 GO)	Bürgervorsteher(in)/ Stadtpräsident(in) (§ 33 GO)	Kreispräsident(in) (§ 28 GO)	Amtsvorsteher(in) (§ 11 AO)	1.2	**Vorsitzende(r)**
Entscheidung über alle wichtigen Angelegenheiten				1.3	**Aufgaben des obersten Organs**
(§ 27 ff GO)	(§ 27 ff GO)	(§ 22 ff KrO)	(§ 10 AO)		
Ausschüsse (§§ 45, 46 GO, §§ 40, 41 KrO, § 10a AO)				1.4	**Hilfsgremien**
Ortsbeiräte §§ 47a, 47b, 47c GO					
Bürgermeister(in) (§§ 50, 55, 65 GO)		Landrat (§ 51 KrO)	Amtsvorsteher(in) (§ 11 AO)	**2.**	**Verwaltungsleitendes Organ mit Zuständigkeit für Weisungsaufgaben**
Landräte als untere Landesbehörden (§ 121 GO i. V. m. § 3 GuLb)	Landräte als untere Landesbehörden (§ 121 GO i. V. m § 3 GuLb) oder Innenminister (§ 121 GO)	Innenminister (§ 60 KrO)	Landräte (§ 19 AO)	**4.**	**Kommunalaufsichtsbehörde**

50

keinem Amt angehört – gleichzeitig verwaltungsleitendes Organ (§ 48 GO). Dieses Verfassungssystem gilt für die ehrenamtlich verwalteten Gemeinden (vgl. Ziff. 5.1). Die unechte Bürgermeisterverfassung zeichnet sich dadurch aus, daß die/der hauptamtlich angestellte Bgm. ausschließlich verwaltungsleitendes Organ ist. Die Gemeindevertretung wählt sich aus ihrer Mitte eine(n) gesonderte(n) Vorsitzende(n), die/den Bürgervorsteher(in). Die/der Bürgermeister(in) ist nicht Mitglied der Gemeindevertretung, sondern nimmt an deren Sitzungen lediglich mit beratender Stimme teil (§ 36 Abs. 1 GO), hat aber Antragsrechte. Dieses Verfassungssystem gilt für alle Gemeinden und Städte mit hauptamtlichem Bgm. (§ 49 GO).

Die bis 1998 für die Städte geltende Magistratsverfassung sah vor, daß der Wille durch die Stadtvertretung gebildet und vom Magistrat ausgeführt wurde. Der Magistrat bestand aus dem Bürgerm. und den von der Stadtvertretung gewählten ehrenamtlichen und hauptamtlichen (ab 20 000 Einw.) Stadträten. Die/der Bürgermeister(in) gehörte dem Magistrat als Vorsitzende(r) (mit Stimmrecht) an und war für die Durchführung der Aufgaben zur Erfüllung nach Weisung allein verantwortlich.

10.3 Gemeindevertretung

10.3.1 Rechtliche Stellung

Die Gemeindevertretung ist das oberste Organ (vgl. § 7 GO) der Gemeinde. Sie trifft alle wichtigen Entscheidungen und überwacht die Gemeindeverwaltung (§ 27 GO). Abgewichen wird von diesem Prinzip im Falle der Wahl hauptamtlicher Bürgerm. und bei einem Bürgerentscheid, bei dem die Bürg. in bestimmten wichtigen Selbstverwaltungsaufgaben selbst entscheiden. Abgesehen von Ausnahmefällen (z. B. Beschluß über die Geltendmachung von Ansprüchen gegen die/den Bgm., § 29 GO) darf die Gemeindevertretung ihre Beschlüsse nicht selbst ausführen.

In Städten heißt die Gemeindevertretung Stadtvertretung (§ 27 Abs. 5 GO), wobei die Hauptsatzung eine andere Bezeichnung vorsehen kann (z. B. Ratsversammlung, Stadtverordnetenkollegium, Bürgerschaft).

Hat eine Gemeinde weniger als 70 Einw., so ist keine Gemeindevertretung zu wählen. Oberstes Willensbildungsorgan ist hier die aus sämtlichen Bürg. bestehende Gemeindeversammlung, die vom Bgm. geleitet wird (§ 54 GO).

10.3.2 Zusammensetzung und Wahl

Die Gemeindevertretung besteht aus gewählten Vertreterinnen und Vertretern (§ 31 GO). Damit wird dem sich aus Art. 28 Abs. 1 GG ergebenden allgemeinen Demokratiegrundsatz, nach dem es u. a. in den Kreisen und Gemeinden gewählte Volksvertretungen geben muß, Rechnung getragen. Die Vertreter führen in Städten die Bezeichnung Stadtvertreterin bzw. Stadtvertreter oder – sofern die Hauptsatzung dies vorsieht – eine andere Bezeichnung. Die Einzelheiten zur Zusammensetzung und zur Wahl ergeben sich aus dem GKWG. Die Wahlzeit beträgt 5 Jahre. Die Neuwahl findet jeweils im letzten Märzmonat einer Wahlzeit an einem von der Landesregierung zu bestimmenden Sonntag statt. Die Wahlzeit beginnt stets am 1. April.

10.3.3 Wahlberechtigung und Wählbarkeit

Wahlberechtigt ist nach § 3 GKWG jeder, der die deutsche oder die Staatsangehörigkeit eines Staates der Europäischen Union besitzt, das 18. Lebensjahr vollendet hat und seit mindestens drei Monaten in der Gemeinde seinen Wohnsitz hat (aktives Wahlrecht).

Gewählt werden kann (passives Wahlrecht) nach § 6 GKWG jede(r) Wahlberechtigte, die/der das Volljährigkeitsalter erreicht hat und seit mindestens sechs Monaten in Schleswig-Holstein wohnt. Die

Wählbarkeit von Beamten und Angestellten der Kommunalverwaltungen ist durch § 31 a GO und § 37 a GKWG beschränkt (Unvereinbarkeit von Amt und Mandat). So darf z. B. ein Mitglied der Gemeindevertretung nicht gleichzeitig Beamter oder Angestellter der Gemeinde sein. Dadurch soll eine klare Trennung von Willensbildung und Willensausführung erreicht werden.

10.3.4 Wahlverfahren

Nach Art. 28 Abs. 1 GG und Art. 3 Abs. 1 LVerf gelten für die Wahlen folgende Wahlrechtsgrundsätze:

- **allgemein; es dürfen keine Voraussetzungen vom Wähler gefordert werden, die nicht von jedermann erfüllt werden können,**
- **unmittelbar; der Wähler muß direkt die Volksvertretung ohne Einschaltung von Wahlmännern wählen,**
- **frei; jeglicher Zwang von außen auf die Wahlentscheidung ist unzulässig,**
- **gleich; jede abgegebene Stimme hat den gleichen Zählwert,**
- **geheim; die Stimmabgabe des Einzelnen darf nicht zur Kenntnis anderer gelangen.**

Das GKWG sieht ein gemisches Wahlverfahren vor, nämlich die Mehrheitswahl mit Verhältnisausgleich. Dies Verfahren versucht, jeweils die Vorteile der reinen Mehrheitswahl und der reinen Verhältniswahl miteinander zu verbinden. Bei der reinen Mehrheitswahl ist der Kandidat gewählt, der die meisten Stimmen erhält. Es handelt sich also um eine Persönlichkeitswahl, die aber den Nachteil hat, daß die auf andere Bewerber abgegebenen Stimmen völlig unberücksichtigt bleiben. Dieser Nachteil wird dann besonders deutlich, wenn mehrere Bewerber ähnlich hohe Stimmenzahlen auf sich vereinigt haben. Die Verhältniswahl zeichnet sich dadurch aus, daß die Stimmen für Kandidatenlisten, die von politischen Parteien oder Wählervereinigungen aufgestellt wurden, abgegeben werden. Jede Partei erhält soviele Sitze in der Gemeindevertretung, wie sie im Verhältnis zu den anderen Parteien Wählerstimmen erhalten hat. Bei der Verhältniswahl werden damit alle Wählerstimmen berücksichtigt. Ihr Nachteil besteht darin, daß der Wähler nicht exakt bestimmt, welche Person er wählt; es muß vielmehr eine Personengruppe gewählt werden.

Nach dem Mehrheitswahlverfahren mit Verhältnisausgleich wird ein Teil der Gemeindevertreterinnen und Gemeindevertreter nach den Grundsätzen der reinen Mehrheitswahl und ein weiterer Teil der Gemeindevertreterinnen und Gemeindevertreter nach den Grundsätzen der Verhältniswahl ermittelt.

Die Anzahl der Gemeindevertreter richtet sich nach § 8 GKWG nach der Einwohnerzahl der Gemeinde. Die kleinste Gemeindevertretung (70 bis 200 Einwohner) besteht aus 7 Mitgliedern, die größte (in kreisfreien Städten mit mehr als 150 000 Einwohnern) aus 49 Mitgliedern. Das GKWG bestimmt auch, wieviele Gemeindevertreterinnen und Gemeindevertreter durch Mehrheitswahl und wieviele durch Verhältniswahl zu wählen sind. Dabei ist die Anzahl der durch Mehrheitswahl zu wählenden Vertreter immer größer als die der Listenvertreter.

Im einzelnen bestimmt das GKWG zur Größe der Gemeindevertretungen und Kreistage:

Einwohnerzahl	Vertreterzahl insges.	unmittelbare Vertreter	Listenvertreter
kreisangehörige Gemeinden			
mehr als 70 bis zu 200	7	4	3
mehr als 200 bis zu 750	9	5	4
mehr als 750 bis zu 1 250	11	6	5
mehr als 1 250 bis zu 2 000	13	7	6
mehr als 2 000 bis zu 5 000	17	9	8
mehr als 5 000 bis zu 10 000	19	10	9
mehr als 10 000 bis zu 15 000	23	12	11
mehr als 15 000 bis zu 25 000	27	15	12
mehr als 25 000 bis zu 35 000	31	17	14
mehr als 35 000 bis zu 45 000	35	19	16
mehr als 45 000	39	21	18

Einwohnerzahl	Vertreterzahl		
	ins-ges.	unmittelbare Vertreter	Listen-vertreter
kreisfreie Städte			
bis zu 150 000	43	23	20
mehr als 150 000	49	27	22
Kreise			
bis zu 200 000	45	27	18
mehr als 200 000	49	29	20

Wahlvorschläge können von politischen Parteien und Wählergruppen, für die unmittelbaren Vertreter auch von einzelnen Wahlberechtigten eingereicht werden (§ 18 GKWG).

Das Wahlgebiet wird vom Wahlausschuß, soweit erforderlich, in Wahlkeise eingeteilt. Dabei wird grundsätzlich in jedem Wahlkreis ein unmittelbarer Vertreter gewählt, so daß im Prinzip so viele Wahlkreise gebildet werden, wie es Direktkandidaten zu wählen gibt. Aus praktischen Erwägungen werden aber in Gemeinden mit weniger als 10 000 Einw. weniger Wahlkreise gebildet, nämlich:

- in Gemeinden mit mehr als 70 bis 2000 Einw. ein Wahlkreis, wobei jede Wählerin/jeder Wähler soviele Stimmen hat, wie es Direktmandate gibt,
- in Gemeinden mit mehr als 2000 bis 5000 Einw. drei Wahlkreise, in denen je drei Direktkandidaten gewählt werden und
- in Gemeinden mit mehr als 5000 bis 10 000 Einw. fünf Wahlkreise, in denen je zwei Direktkandidaten gewählt werden.

Für eine Bewerberin/einen Bewerber kann immer nur eine Stimme abgegeben werden. Gewählt ist diejenige Kandidatin/derjenige Kandidat, die oder der die meisten Stimmen erhalten hat. Für den Verhältnisausgleich werden die Stimmen zusammengezählt, die die unmittelbaren Bewerber einer politischen Partei oder Wählergruppe zusammen erhalten haben. Sodann werden

Muster für einen
Stimmzettel für die Gemeindewahl in einer Gemeinde zwischen 2000 und 5000 Einwohnern, bei der jeder Wahlberechtigte 3 Stimmen hat (§ 9 Abs. 2 GKWG)

Stimmzettel
für die Gemeindewahl
in der Gemeinde N
am ....   Wahlkreis 1

Sie haben 3 Stimmen

Nicht mehr als
3 Bewerber ankreuzen,
sonst ist der Stimmzettel
ungültig!

Spalte
ankreuzen

1	Partei „A"	a) Schmidt, Otto Landwirt, N…, Lindenhof	◯
		b) Holtz, Paul Lehrer, N…	◯
		c) Zander, Elke Bäuerin, N…, Teichhof	◯
7	Wähler- gruppe „B"	a) Petersen, Peter Tischlermeister, N…	◯
		b) Lüders, Eva Hausfrau, N…	◯
		c) Brodersen, Uwe Angestellter, N…	◯
9	Einzel- bewerber	Engels, Ernst Landarbeiter, N…	◯

zunächst sämtliche zur Verfügung stehenden Sitze nach dem d'Hondtschen Höchstzahlenverfahren vergeben. Bei diesem Verfahren werden die Gesamtstimmenzahlen für einen Listenvorschlag durch 1, 2, 3, 4 usw. geteilt. Auf die sich so ergebenden Höchstzahlen werden Sitze vergeben. Ziel dieses Verfahrens ist es, den politischen Parteien und Wählergruppen in der Gemeindevertretung einen Sitzanteil zuzugestehen, der dem Anteil ihrer Wählerstimmen entspricht. Von der Gesamtzahl der sich nach dem Verhältniswahlverfahren ergebenden Sitze werden die unmittelbar gewählten Vertreter abgezogen. Der dann verbleibende Sitzanteil stellt den Verhältnisausgleich dar. Von den Listen der politischen Parteien und Wählergruppen sind so viele Kandidatinnen und Kandidaten gewählt, wie sich nach dem Verhältnisausgleich zusätzliche Sitze ergeben haben.

Zu beachten ist, daß am Verhältnisausgleich nur politische Parteien oder Wählergruppen teilnehmen können, die entweder mindestens 5% der im Wahlgebiet abgegebenen gültigen Stimmen erhalten haben oder die einen Sitz durch Mehrheitswahl erringen konnten.

Sind Einzelbewerber/innen (auf Vorschlag einzelner Wahlberechtigter) in die Gemeindevertretung gewählt worden, so sind diese vor der Berechnung des Verhältnisausgleichs von der Gesamtzahl der auf Parteien und Wählervereinigungen zu vergebenden Sitze abzuziehen.

Beispiel:
In einer Gemeinde sind nach § 8 GKWG 11 Gemeindevertreter zu wählen, davon 6 unmittelbar. Die Gemeinde bildet lediglich einen Wahlkreis, so daß jeder Wähler 6 Stimmen hat. Die auf die Kandidatinnen und Kandidaten der einzelnen politischen Parteien entfallenen Stimmen ergeben zusammen für die A-Partei 700, für die B-Partei 1300, für die C-Partei 800 und für die D-Partei 200. Sämtliche 11 Stellen sind zunächst nach dem Verhältniswahlverfahren zu vergeben. Anschließend sind die direkt gewählten Kandidaten den einzelnen Parteien anzurechnen. Der verbleibende Rest ist der listenmäßige Sitzanteil der Parteien.

	A-Partei	B-Partei	C-Partei	D-Partei
:1	700③	1300①	800②	200
:2	350⑦	650④	400⑥	100
:3	233¹/₃⑪	433¹/₃⑤	266²/₃⑨	66²/₃
:4	175	325⑧	200	50
:5	140	260⑩	160	40
:6	116²/₃	216²/₃	133¹/₃	33¹/₃

	A-Partei	B-Partei	C-Partei	D-Partei
Sitze nach Höchstzahlen	3	5	3	–
./. Direkt- Kandidaten	3	3	–	–
Verhältnis- ausgleich über Liste	–	2	3	–

Durch besonderes Wählerverhalten kann die Anzahl der von einer Partei errungenen Direktmandate höher sein, als ihr verhältnismäßiger Sitzanteil. In diesem Fall entstehen sogenannte Mehrsitze, die der jeweiligen Partei verbleiben (§ 10 Abs. 4 GKWG). Bei dieser Situation kann es sich als notwendig erweisen, an andere politische Parteien sogenannte Ausgleichsmandate zu vergeben. Durch die Ausgleichsmandate soll erreicht werden, daß die Sitzstärken, die durch Mehrsitze verschoben sein können, wieder an die abgegebenen Wählerstimmen angepaßt werden. Das geschieht dadurch, daß auf die noch nicht berücksichtigten nächstfolgenden Höchstzahlen so lange weitere Sitze zu vergeben sind, bis der letzte Mehrsitz abgedeckt ist. Allerdings darf die Anzahl der Ausgleichsmandate das Doppelte der Anzahl der Mehrsitze nicht überschreiten (§ 10 Abs. 4 GKWG).

Beispiel:
Es sind 9 Gemeindevertreter/innen zu wählen. Die Gemeinde bildet mit 300 Einw. einen Wahlkreis, in dem jede(r) Wähler(in) 5 Stimmen hat. Die A-Partei erhält 490 Stimmen, die B-Partei 380 Stimmen und die C-Partei 60 Stimmen. Von den unmittelbar gewählten Kandidatinnen und Kandidaten gehören 2 der A-Partei, 2 der B-Partei und 1 der C-Partei an. Die Berechnung des Verhältnisausgleichs ergibt folgendes Bild:

	A-Partei	B-Partei	C-Partei
:1	490[1]	380[2]	60
:2	245[3]	190[4]	30
:3	163^{1}/$_3$[5]	126^{2}/$_3$[6]	20
:4	122^{1}/$_2$[7]	95[9]	15
:5	98[8]	76[AM]	12
:6	81^{2}/$_3$[AM]	63^{1}/$_3$	10

Sitze nach Höchst-zahlen	5+1	4+1	–
./. Direkt-Kandidaten	2	2	1

Verhältnisausgleich über Liste	4	3	–

Bei der C-Partei ist ein Mehrsitz entstanden, da ihr eigentlich ein Mandat nicht zusteht. Da die Höchstzahlen 81 ^{1}/$_3$ (A-Partei) und 76 (B-Partei) höher sind als die den Mehrsitz rechtfertigende Höchstzahl 60, ist auf die A- und B-Partei jeweils ein Ausgleichsmandat zu vergeben. Weitere Ausgleichsmandate sind nicht zulässig, weil das Doppelte der Mehrsitze nicht überschritten werden darf.

Wird eine Stelle während der Wahlzeit der Gemeindevertretung frei, so dienen die Listen gleichzeitig als Reservelisten. Die/der in der Liste in der Rangfolge nächste Bewerber/in rückt in die Gemeindevertretung ein.

10.3.5 Mitglieder der Gemeindevertretung

Die gewählten Gemeindevertreterinnen und Gemeindevertreter entscheiden frei, ob sie die Wahl annehmen. Sie können auch jederzeit auf ihren Sitz in der Gemeindevertretung verzichten. Sie handeln ausschließlich nach ihrer freien, durch das öffentliche Wohl bestimmten Überzeugung (§ 32 GO) (sogenanntes freies Mandat). Sie sind weder an Versprechungen gegenüber Wählern, noch an Weisungen ihrer Partei oder ihrer Fraktion gebunden. Zur Haftung von Gemeindevertreter/innen wegen Amtspflichtverletzung vgl. BGH, Die Gemeinde 1989, 182.

Die Gemeindevertreter(innen) haben der/dem Vorsitzenden der Gemeindevertretung ihren Beruf sowie andere vergütete oder ehrenamtliche Tätigkeiten mitzuteilen, soweit dies für die Ausübung des Mandats von Bedeutung sein kann. Damit sollen etwaige Interessenkollisionen frühzeitig erkennbar gemacht werden (§ 32 Abs. 4 GO).

10.3.6 Fraktionen

Gemeindevertreterinnen und Gemeindevertreter, die derselben politischen Partei angehören oder die auf Vorschlag derselben Wählergruppe gewählt wurden, bilden kraft Gesetzes eine Fraktion (§ 32a GO). Die Fraktion kann nur durch Austritt aus der Partei oder Wählervereinigung verlassen werden. Der Fraktionsstatus ist insofern von Bedeutung, als den Fraktionen bestimmte Rechte eingeräumt werden. So können sie z. B. Einfluß auf bestimmte Wahlverfahren nehmen (§ 33 Abs. 2, § 46 Abs. 1 GO), Wahlvorschläge für die Stelle der/des hauptamtlichen Bürgerm. unterbreiten (§ 45 f GKWG) und verlangen, daß der Vorsitzende der Gemeindevertretung eine bestimmte Angelegenheit auf die Tagesordnung nimmt (§ 34 Abs. 4 GO). Die innere Willensbildung in den Fraktionen erfolgt auf der Grundlage einer von der Fraktion beschlossenen Geschäftsordnung. Einen Sonderfall stellt insoweit die Entscheidung über einen Wahlvorschlag für eine/n hauptamtl. Bürgerm. dar. Hier verlangt das GKWG zwingend, daß geheim abzustimmen ist und daß jedes Fraktionsmitglied vorschlagsberechtigt ist. Stimmberechtigt in den Fraktionen sind neben den Gemvertr. auch bürgerliche Ausschußmitglieder, wenn ihre Fraktion ihnen ausdrücklich Stimmrecht gewährt hat (§ 32a Abs. 2 GO).

Die Fraktionen tragen die gleichen Bezeichnungen wie ihre Parteien oder Wählervereinigungen bei der Wahl.

60

Hauptamtliche Wahlbeamtinnen und Wahlbeamte können nicht Fraktionen angehören (BVerwG, Die Gemeinde 1993, 177).

Werden Fraktionsrechte verletzt, so können die Fraktionen in kommunalverfassungsrechtlichen Streitigkeiten auftreten (zu den organschaftlichen Rechten von Fraktionen vgl. Schl.-H. OVG, Die Gemeinde 1993, 81).

10.3.7 Vorsitzende(r) der Gemeindevertretung

Die Gemeindevertretung wählt aus der Mitte eine(n) Vorsitzende(n) und die Stellvertreter/innen (§ 33 GO). Die/der Vorsitzende ist Erste(r) unter Gleichen. Die/der Vorsitzende hat zwar bestimmte Leitungsfunktionen (z. B. Verhandlungsleitung, Hausrecht, Unterrichtung der Einwohner über Beschlüsse, Repräsentation der Gemeindevertretung); die Stimme hat jedoch das gleiche Gewicht, wie die jedes anderen Mitgliedes der Gemeindevertretung. Sie gibt also auch bei Stimmengleichheit nicht den Ausschlag.

In ehrenamtlich verwalteten Gemeinden führt die/der ehrenamtliche Bgm. den Vorsitz in der Gemeindevertretung (vgl. Abschn. 10.2). Wählbar ist jede/r Gemeindevertreter/in. Jede/r Gemeindevertreter/in ist auch bei der Wahl der/des ehrenamtlichen Bgm. vorschlagsberechtigt. Die Fraktionen haben also kein Vorschlagsrecht. Die Wahl, die unter der Leitung des ältesten Mitgliedes der Gemeindevertretung vorgenommen wird, bedarf der Mehrheit der gesetzlichen Zahl der Mitglieder der Gemeindevertretung. Wird diese nicht erreicht, findet ein zweiter Wahlgang statt, in dem ebenfalls die Mehrheit der gesetzlichen Zahl der Mitglieder der Gemeindevertretung erforderlich ist. In diesem zweiten Wahlgang wird über dieselben Kandidaten abgestimmt, die bereits im ersten Wahlgang vorgeschlagen worden waren. Es können im zweiten Wahlgang keine neuen Personen vorgeschlagen werden. Steht im zweiten Wahlgang nur eine Person zur Wahl und findet diese nicht die erforderliche Mehrheit, so ist die Sitzung abzubrechen. Die Wahl ist in einer späte-

Schematische Darstellung zur Wahl der/des ehrenamtlichen Bürgermeisterin bzw. Bürgermeisters

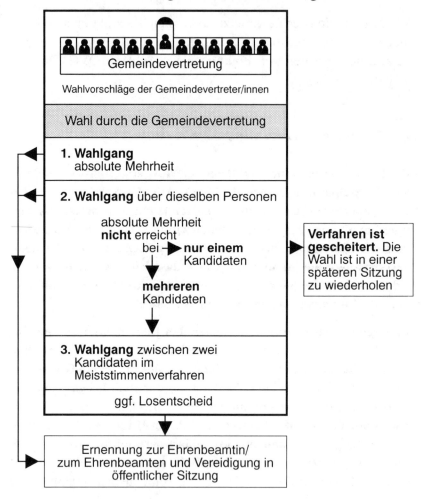

ren Sitzung, die allerdings so schnell wie möglich stattfinden muß, zu wiederholen. Erhält im zweiten Wahlgang von mehreren Vorgeschlagenen niemand die erforderliche Mehrheit, so findet eine Stichwahl zwischen zwei Personen statt. An der Stichwahl nehmen die Kandidaten teil, die im zweiten Wahlgang die meisten Stimmen hatten. Weisen zwei oder mehr Bewerber die gleiche Stimme auf, so entscheidet über die Teilnahme an der Stichwahl das Los. Gewählt ist, wer die meisten Stimmen erhält (§ 33 Abs. 3 i. V. m. § 52 Abs. 1 GO). Bei Stimmengleichheit entscheidet das Los.

Nach der Wahl wird die gewählte Person in das Amt eingeführt und durch eine Ernennungsurkunde zum Ehrenbeamten ernannt (§ 50 Abs. 6 GO).

Die Stellvertreter(innen) des ehrenamtlichen Bgm. werden im Meiststimmenverfahren (§ 40 Abs. 3 GO) gewählt. Dabei ist das Verhältnis der Sitzzahlen der Fraktionen zu berücksichtigen (§ 33 Abs. 3 GO), wobei die/der Bgm. seiner Fraktion anzurechnen ist. Ein Abweichen von den Fraktionsstärken ist nur durch freiwilligen Verzicht einer berechtigten Fraktion möglich; andernfalls wäre die Wahl rechtswidrig.

Beispiel:
Die Gemeindevertretung besteht aus der A-Fraktion (7 Mitglieder), der B-Fraktion (4 Mitglieder) und der C-Fraktion (2 Mitglieder). Der ehrenamtliche Bürgermeister gehört der A-Fraktion an. Die Position des 1. Stellvertreters fällt der B-Fraktion zu, weil der ehrenamtliche Bgm. der A-Fraktion anzurechnen ist. Die Wahl hat im Meiststimmenverfahren zu erfolgen. Der 2. Stellvertreter würde nun wieder der A-Fraktion zufallen.

Auch die Stellvertreter der/des ehrenamtlichen Bgm. werden zu Ehrenbeamten ernannt (§ 52 a Abs. 2 GO).

In Gemeinden mit hauptamtlichem Bürgermeister und in Städten führt die/der Vorsitzende der Gemeindevertretung die Bezeichnung Bürgervorsteher(in), in kreisfreien Städten Stadtpräsident(in). Die Wahl der Bürgervorsteherin bzw. des Bürgervorstehers und der Stadtpräsidentin bzw. des Stadtpräsidenten sowie der Stellvertretenden erfolgt in der Regel im Meiststimmenverfahren (§ 33 Abs. 1 GO i. V. m. § 40 Abs. 3). Vorschlagsberechtigt ist jeder Gemeindevertreter. Gewählt ist derjenige Kandidat, der die meisten Stimmen erhält. Dies Verfahren birgt aber die Gefahr in sich, daß die Stellen parteipolitisch einseitig besetzt werden. Dies wiederum würde nicht parlamentarischem Brauch entsprechen. Um eine einseitige Besetzung der Stellen zu vermeiden, kann deshalb jede Fraktion (vgl. Abschn. 10.3.6) das sogenannte gebundene Vorschlagsrecht verlangen (§ 33 Abs. 2 GO). Einzelnen Mitgliedern der Gemeindevertretung steht das Verlangungsrecht nicht zu. Es handelt sich bei dem Verlangen nach gebundenem Vorschlagsrecht um einen Minderheitenschutz. Das Verlangen kann nicht zurückgewiesen werden. Wird es gestellt, so sind die Sitzzahlen der Fraktionen durch 1, 2 usw. zu teilen. Zählgemeinschaften o. ä. sind bei der Ermittlung des Vorschlagsrechtes nicht möglich. Das alleinige Vorschlagsrecht für die Stelle des Bürgervorstehers hat die Fraktion mit der höchsten Höchstzahl. Die übrigen Fraktionen sind nicht vorschlagsberechtigt, nehmen aber an der folgenden Abstimmung teil. Haben mehrere Fraktionen gemeinsam die gleiche Höchstzahl, so steht jeder von ihnen das Vorschlagsrecht zu. Die Abstimmung erfolgt nach § 39 GO als Mehrheitsbeschluß mit den Stimmenarten Ja, Nein, Enthaltung. Gewählt ist der Kandidat, der mehr Ja- als Nein-Stimmen erhält. Das Vorschlagsrecht der Fraktion mit der höchsten Höchstzahl ist nach der Wahl der /des Vorsitzenden verbraucht. Der erste Stellvertreter wird von der Fraktion vorgeschlagen, die die zweitbeste Höchstzahl aufweist. Die Abstimmung erfolgt wiederum nach § 39 GO.

Beispiel:
Eine Gemeindevertretung besteht aus der A-Fraktion (10 Mitglieder) und der B-Fraktion (9 Mitglieder). Zu wählen sind die/der Bürgervorsteher(in) und zwei Stellvertreter. Sofern es zu einer vorherigen Absprache der Fraktionen nicht kommt, wird die B-Fraktion das gebundene Vorschlagsrecht verlangen. Anderenfalls würde sie Gefahr laufen, im Meiststimmenverfahren in sämtlichen Wahlgängen zu unterliegen. Vorschlagsberechtigt für die/ den Vorsitzende(n) ist dann die A-Fraktion mit der Höchstzahl 10, für den 1. Stellvertreter die B-Fraktion mit der Höchstzahl 9 und für den 2. Stellvertreter wiederum die A-Fraktion mit der Höchstzahl 5.

Erhält ein Wahlvorschlag einer vorschlagsberechtigten Fraktion nicht die erforderliche Mehrheit, so verbleibt das Vorschlagsrecht unentziehbar der berechtigten Fraktion. Sie kann ihren gescheiterten Wahlvorschlag wiederholen oder eine andere Person zur Wahl vorschlagen.

Beispiel:

Im vorstehenden Beispiel schlägt die B-Fraktion X als ersten Stellvertreter vor. Für den Wahlvorschlag stimmen 9 Mitglieder der Gemeindevertretung, 10 dagegen. Der Vorschlag ist damit abgelehnt. Gleichwohl verbleibt das Vorschlagsrecht bei der B-Fraktion.

Haben mehrere Fraktionen die gleiche Höchstzahl, so sind sie alle vorschlagsberechtigt. Es verbraucht aber nur die Fraktion ihre Höchstzahl, deren Wahlvorschlag angenommen wird.

Beispiel:

Die Gemeindevertretung besteht aus der A-Fraktion (3 Mitglieder), der B-Fraktion (10 Mitglieder) und der C-Fraktion (10 Mitglieder). Im gebundenen Vorschlagsrecht können sowohl die B-Fraktion wie die C-Fraktion einen Wahlvorschlag für die Position des Bürgervorstehers unterbreiten. Der Vorschlag der B-Fraktion wird mit 10 Ja- gegen 13 Nein-Stimmen abgelehnt. Der Vorschlag der C-Fraktion erhält 13 Ja- und 10 Nein-Stimmen. Er ist deshalb angenommen. Die C-Fraktion hat nunmehr ihre Höchstzahl 10 verbraucht. Vorschlagsberechtigt für die Stelle des 1. Stellvertreters des Bürgervorstehers ist nun allein die B-Fraktion mit der nicht in Anspruch genommenen Höchstzahl 10. Nach der Wahl des 1. Stellvertreters sind bei der Wahl des 2. Stellvertreters wiederum sowohl die B-Fraktion als auch die C-Fraktion vorschlagsberechtigt.

Beim gebundenen Vorschlagsrecht kommt es nicht auf die Anzahl der anwesenden Gemeindevertreter, sondern ausschließlich auf die abstrakten Fraktionszahlen an.

Beispiel:

Die Gemeindevertretung besteht aus der A-Fraktion (14 Mitglieder) und der B-Fraktion (12 Mitglieder). Von der A-Fraktion sind 11 Gemeindevertreter anwesend, während die B-Fraktion vollständig vertreten ist. Da die B-Fraktion im Meiststimmenverfahren alle Stellen besetzen könnte, wird die A-Fraktion das gebundene Vorschlagsrecht mit der Folge verlangen, daß sie das Vorschlagsrecht für den Vorsitzenden und dessen 2. Stellvertreter hat. Die B-Fraktion hätte, obwohl sie mit den meisten Gemeindevertretern anwesend ist, lediglich das Vorschlagsrecht für den 1. Stellvertreter. Ursächlich hierfür ist, daß auf die abstrakten Fraktionszahlen, die sich bei der Gemeindewahl ergeben haben, abzustellen ist.

Die Bildung von Fraktions- und Zählgemeinschaften unter Fortbestand der einzelnen Fraktionen ist im gebundenen Vorschlagsrecht nicht möglich.

Beispiel:

Die Gemeindevertretung besteht aus der A-Fraktion (9 Mitglieder) und der B-Fraktion und C-Fraktion, die jeweils 5 Mitglieder haben. Die B- und die C-Fraktion sind nicht in der Lage, sich bei der Wahl des Bürgervorstehers und seiner Stellvertreter zusammenzuschließen, um so im gebundenen Vorschlagsrecht die Höchstzahl 10 zu erreichen.

Zum Fraktionswechsel vgl. § 32 a GO. Er würde voraussetzen, daß auch die jeweilige Partei verlassen wird und daß die andere Fraktion zur Aufnahme bereit ist.

Es ist zu empfehlen, daß die Fraktionen sich vor der Wahl über die beabsichtigte Vorgehensweise abstimmen, um etwaige Patt-Situationen zu vermeiden. Gelingt es nicht, eine der Stellen rechtmäßig zu besetzen, so kann das Verfahren nicht fortgeführt werden. Weitere Wahlen (z. B. zu den Ausschüssen) können ebensowenig durchgeführt wie Sachbeschlüsse gefaßt werden. Einigen sich die Gemeindevertreter nicht binnen angemessener Zeit, so könnte die Kommunalaufsichtsbehörde nach § 127 GO einen Beauftragten bestellen (Schl.-Holst. OVG, Die Gemeinde 1995, 25) oder der Innenminister könnte die Gemeindevertretung nach § 44 GO auflösen, weil eine ordnungsgemäße Erledigung der Gemeindeaufgaben auf andere Weise nicht sichergestellt werden kann. Hiervon ist aber schon wegen des Selbstverständnisses der kommunalen Selbstverwaltung dringend abzuraten.

Die/der Vorsitzende der Gemeindevertretung oder einer der Stellvertreter kann von der Gemeindevertretung jederzeit abberufen werden, ohne daß es einer ausdrücklichen Begründung bedarf. Um übereilte Abberufungen zu verhindern, muß der Beratungspunkt auf der Tagesordnung gestanden haben; er kann also nicht im Wege des Dringlichkeitsantrages (§ 34 Abs. 4 GO) auf die Tagesordnung gelangen. Im übrigen bedarf der Beschluß der Mehrheit von zwei Dritteln der gesetzlichen Zahl der Gemeindevertreter (§ 40 a Abs. 2 GO).

Schematische Darstellung der Einberufung der Gemeindevertretung

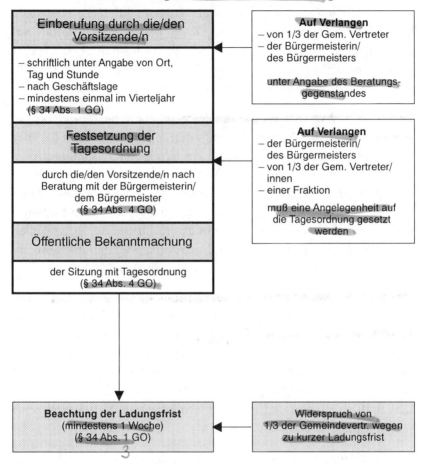

Einberufung durch die/den Vorsitzende/n

- schriftlich unter Angabe von Ort, Tag und Stunde
- nach Geschäftslage
- mindestens einmal im Vierteljahr
(§ 34 Abs. 1 GO)

Auf Verlangen
- von 1/3 der Gem. Vertreter
- der Bürgermeisterin/ des Bürgermeisters

unter Angabe des Beratungs-gegenstandes

Festsetzung der Tagesordnung

durch die/den Vorsitzende/n nach Beratung mit der Bürgermeisterin/ dem Bürgermeister
(§ 34 Abs. 4 GO)

Auf Verlangen
- der Bürgermeisterin/ des Bürgermeisters
- von 1/3 der Gem. Vertreter/ innen
- einer Fraktion

muß eine Angelegenheit auf die Tagesordnung gesetzt werden

Öffentliche Bekanntmachung

der Sitzung mit Tagesordnung
(§ 34 Abs. 4 GO)

Beachtung der Ladungsfrist
(mindestens 1 Woche)
(§ 34 Abs. 1 GO)

Widerspruch von 1/3 der Gemeindevertr. wegen zu kurzer Ladungsfrist

---

10.3.8 Sitzungen und Verfahren der Gemeindevertretung

10.3.8.1 Einberufung der Gemeindevertretung

Die Einberufung der Gemeindevertretung erfolgt durch die/den Vorsitzende(n) (§ 34 Abs. 1 GO). Die/der Vorsitzende stellt nach Beratung mit dem verwaltungsleitenden Organ auch die Tagesordnung

auf (§ 34 Abs. 4 GO). Neben der/dem Bürgerm. kann auch ein Drittel der Gemeindevertreter und jede Fraktion verlangen, daß ein bestimmtes Thema auf die Tagesordnung gesetzt wird. Der Vorsitzende hat in diesem Fall nicht das Recht, den angemeldeten Beratungsgegenstand deshalb zurückzuweisen, weil dieser nach ihrer bzw. seiner Auffassung nicht in die Zuständigkeit der Gemeindevertretung fällt (OVG Lüneburg, Die Gemeinde 1984, 225).

Die Gemeindevertretung soll mindestens einmal im Vierteljahr zusammentreten. Im übrigen obliegt es der/dem Vorsitzenden darüber zu befinden, ob die Geschäftslage ein häufigeres Zusammentreten erfordert. Um einer säumigen Einberufungspraxis der/des Vorsitzenden begegnen zu können, bestimmt § 34 Abs. 1 GO, daß die Gemeindevertretung unter Beachtung der kürzestmöglichen Ladungsfrist einberufen werden muß, wenn es ein Drittel der gesetzlichen Zahl der Mitglieder der Gemeindevertretung oder die/der Bgm. unter Angabe des Beratungsgegenstandes verlangen.

Die Frist für die Einberufung beträgt mindestens eine Woche. Für die Berechnung der Frist gelten in entsprechender Anwendung von § 89 LVwG die §§ 187 bis 193 BGB. Wird die Ladungsfrist unterschritten, so darf die Sitzung nicht stattfinden, wenn ein Drittel der Mitglieder der Gemeindevertretung Widerspruch erhebt (§ 34 Abs. 3 GO). Das widersprechende Mitglied der Gemeindevertretung muß nicht anwesend sein, sondern kann den Widerspruch auch schon vor der Sitzung erheben.

Da die Sitzungen der Gemeindevertretung öffentlich sind, ist die Einladung einschließlich Tagesordnung unverzüglich öffentlich bekanntzumachen (§ 34 Abs. 4 GO).

10.3.8.2 Beschlußfähigkeit

Zu Beginn jeder Sitzung der Gemeindevertretung hat die/der Vorsitzende die Beschlußfähigkeit festzustellen (§ 38 GO). Die Beschluß-

fähigkeit ist gegeben, wenn mehr als die Hälfte der gesetzlichen Zahl der Mitglieder der Gemeindevertretung anwesend ist. Die gesetzliche Zahl der Gemeindevertreter ergibt sich aus § 8 GKWG zuzüglich etwaiger Mehrsitze und Ausgleichsmandate. Sind Sitze der Gemeindevertretung leer, weil ein Nachrücken (§ 44 GKWG) nicht mehr möglich ist, so vermindert sich die gesetzliche Zahl um diese Sitze. Die Mindestanwesenheit beträgt in diesem Fall ein Drittel der gesetzlichen Zahl. Nach der Feststellung, durch die/den Vorsitzenden gilt die Gemeindevertretung als beschlußfähig, solange die Beschlußunfähigkeit auf Antrag eines Gemeindevertreters nicht vom Vorsitzenden festgestellt wird. Dabei zählt die/der beantragte Gemeindevertr. zu den Anwesenden. Diese Vermutung der Beschlußfähigkeit dient der Rechtssicherheit.

Beispiel:
Zu einer Sitzung der Gemeindevertretung erscheinen von 17 Gemeindevertretern 9. Die Gemeindevertretung ist damit zunächst beschlußfähig. Dies wird vom Vorsitzenden auch ordnungsgemäß festgestellt. Im weiteren Verlauf der Sitzung verläßt ein Gemeindevertreter vorübergehend den Sitzungsraum. Während seiner Abwesenheit ist die Gemeindevertretung zwar nicht mehr beschlußfähig; sie gilt aber als beschlußfähig, wenn niemand den Antrag stellt, die Beschlußfähigkeit zu prüfen.

Unterbleibt die ausdrückliche Feststellung der Beschlußfähigkeit durch die/den Vorsitzenden zu Beginn der Sitzung, so berührt dies die Wirksamkeit der Beschlüsse nicht, wenn die Gemeindevertretung nachweislich beschlußfähig war. Andererseits heilt aber eine fehlerhafte Feststellung der Beschlußfähigkeit den vorliegenden Rechtsmangel nicht, wenn diese objektiv nicht vorhanden war.

Wird während einer Sitzung die Beschlußunfähigkeit festgestellt, so kann über noch anstehende Tagesordnungspunkte nicht mehr beschlossen werden. Um zu vermeiden, daß die Beschlußunfähigkeit als politisches Mittel wiederholt (z. B. von Minderheiten) eingesetzt wird, sieht § 38 Abs. 3 GO vor, daß die Beschlußfähigkeit bei einer neu einberufenen Sitzung bei den zurückgestellten Tagesordnungspunkten auf jeden Fall gegeben ist, und zwar auch dann, wenn weniger als die Hälfte der Mitglieder der Gemeindevertretung erscheinen. Mindestens müssen allerdings drei Gemeindevertreter anwesend sein. Auf diese Rechtsfolge muß im übrigen in der Einladung hingewiesen werden, um die Nutzlosigkeit des Fernbleibens jedermann klarzumachen.

Sind Gemeindevertreter bei bestimmten Tagesordnungspunkten wegen Befangenheit ausgeschlossen, so erfolgt eine gesonderte Berechnung der Beschlußfähigkeit für diesen Tagesordnungspunkt. Die Befangenen sind von der gesetzlichen Mitgliederzahl abzuziehen.

Ist eine Gemeindevertretung dauernd beschlußunfähig (z. B. durch Rücktritt von Mitgliedern der Gemeindevertretung), so kann sie nach § 44 Abs. 1 GO vom Innenminister aufgelöst werden.

10.3.8.3 Beschlußfassung

Grundsätzlich kann nur über Beratungsgegenstände abgestimmt werden, die auch auf der Tagesordnung gestanden haben. Die Tagesordnung muß die Beratungsgegenstände hinreichend klar definieren, damit die Gemeindevertreter sich ausreichend vorbereiten können. Üblicherweise werden ihnen neben der Tagesordnung auch Sitzungsvorlagen zur Verfügung gestellt, in denen das Problem aufgearbeitet wird und Lösungsvorschläge einschließlich der Kostendeckung unterbreitet werden. Dies ist aber gesetzlich nicht gefordert. Ausnahmsweise kann die Tagesordnung in dringenden Fällen erweitert werden (Dringlichkeitsantrag). Hierzu bedarf es eines Beschlusses mit Zweidrittelmehrheit der gesetzlichen Zahl der Mitglieder der Gemeindevertretung (§ 34 Abs. 4 GO). Das Mehrheitserfordernis soll sicherstellen, daß sich die Vertretung mit breitem Votum damit einverstanden erklärt, daß sie auf die an sich erforderliche Vorbereitungszeit verzichtet.

Antragsberechtigt sind sämtliche Gemeindevertreter/innen und in hauptamtlich verwalteten Gemeinden und Städten auch die/der hauptamtliche Bürgermeister (in § 36 Abs. 2 GO).

70

Die Beschlußanträge zu den einzelnen Tagesordnungspunkten sind aus Gründen der Rechtssicherheit vorher schriftlich festzulegen (§ 39 Abs. 3 GO). Das geschieht entweder durch die/den Antragsteller(in) selbst oder durch die/den Protokollführer(in). Liegen zu einem Tagesordnungspunkt mehrere Beschlußanträge vor, so läßt die/der Vorsitzende in der Regel über den am weitestgehenden Antrag zuerst abstimmen. Als weitergehende Anträge werden solche Anträge bezeichnet, die von dem Hauptantrag, der sich meistens aus einer Beschlußvorlage ergibt, abweichen. Andere Regelungen in der Geschäftsordnung sind aber denkbar.

Die Abstimmung hat grundsätzlich offen zu erfolgen (§ 39 Abs. 2 GO). Offen heißt, daß jedermann erkennen kann, wie die Gemeindevertreter(innen) stimmen. Übliche Abstimmungsarten sind das Handzeichen oder der Zuruf. Einige Geschäftsordnungen sehen auch die namentliche Abstimmung vor, bei der jeder Gemeindevertreter einzeln befragt wird, wie er abstimmen will. Die einzige Ausnahme, bei der eine geheime Abstimmung zulässig ist, sind Wahlen (vgl. § 40 Abs. 2 GO und Abschn. 10.3.8.4).

Bei Beschlüssen gibt es drei Arten von Stimmen, nämlich Ja-Stimmen, Nein-Stimmen und Stimmenthaltungen. Ein Antrag ist angenommen, wenn mindestens eine Ja-Stimme mehr für den Antrag abgegeben wurde, als Nein-Stimmen vorhanden sind. Die Stimmenthaltungen zählen für die Berechnung der Mehrheit nicht mit (§ 39 Abs. 1 GO), sie haben also keinerlei Gewicht.

1. *Beispiel:*
   Für einen Antrag werden 10 Stimmen abgegeben, gegen den Antrag stimmen 9 Gemeindevertreter(innen). Der Antrag ist angenommen, weil die Anzahl der Ja-Stimmen die Nein-Stimmen überwiegt.

2. *Beispiel:*
   Für einen Antrag werden 8 Stimmen abgegeben, 8 Gemeindevertreter(innen) enthalten sich der Stimme. Der Antrag ist angenommen, weil den Ja-Stimmen keine Nein-Stimmen gegenüberstehen. Die Stimmenthaltungen spielen für die Berechnung der Mehrheit keine Rolle.

3. *Beispiel:*

Für einen Antrag stimmen 7 Gemeindevertreter(innen), 7 Stimmen gegen ihn. Der Antrag ist abgelehnt, weil die Anzahl der Ja-Stimmen die der Nein-Stimmen nicht überwiegt.

Die sogenannte relative Mehrheit nach § 39 GO kommt immer dann zum Zug, wenn eine besondere Mehrheit im Gesetz nicht vorgeschrieben ist. Besondere Mehrheiten sind

a) mehr als die Hälfte der Anwesenden
- einfache Abberufungen (§ 40a Abs. 1 GO, § 35a Abs. 1 KrO).

b) mehr als die Hälfte der gesetzlichen Zahl der Gemvertr.
- Widerruf der Bestellung der Gleichstellungsbeauftragten (§§ 2 Abs. 3 GO/KrO)
- Wahl des ehrenamtlichen Bgm. (§ 52 GO, § 60 Abs. 3 GO)
- Verzicht auf Ausschreibung der Stelle eines hauptamtlichen Stadtrates (§ 67 Abs. 3 GO)

c) Zweidrittelmehrheit der Anwesenden
- Ausschließung der Öffentlichkeit von Sitzungen der Gemeindevertretung/des Kreistages (§ 35 Abs. 2 GO/§ 30 Abs. 2 KrO)
- Ausschließung der Öffentlichkeit durch Ausschüsse (§ 46 Abs. 7 und 11 GO i. V. m. § 35 Abs. 2 GO/§ 41 Abs. 7 und 11 KrO i. V. m. § 30 Abs. 2 KrO)

d) Zweidrittelmehrheit der gesetzlichen Mitglieder
- Beschluß zur Herbeiführung eines Bürgerentscheides (§ 16g GO, § 16f KrO)
- Dringlichkeitsanträge in der Gemeindevertretung, im Kreistag oder in Ausschüssen (§ 34 Abs. 4 GO, § 46 Abs. 11 GO, § 29 Abs. 4 KrO, § 41 Abs. 11 KrO)
- Abberufung des Vorsitzenden bzw. eines Stellvertreters in der Gemeindevertretung/im Kreistag (§ 40a Abs. 2 GO, § 35a Abs. 2 KrO)
- Einleitung der Abberufung eines hauptamtlichen Bürgerm. (§ 57d Abs. 1 GO) oder Landr. (§ 47 KrO).

- Beschluß gegen die Verwaltungsgliederung und Sachgebietsverteilung in Städten (§ 65 Abs. 3 GO).
- Ausübung der Kompetenz-Kompetenz durch den Kreistag (§ 21 Abs. 3 KrO).

10.3.8.4 Wahlen

Eine besondere Form der Abstimmung stellt die Wahl dar (§ 40 GO). Dabei ist zu beachten, daß Wahlen nur dann vorliegen, wenn sie durch Gesetz oder Verordnung ausdrücklich als solche bezeichnet werden (z. B. § 52 GO, Wahl der/des ehrenamtlichen Bürgerm.) Durch Satzungsregelung oder Beschluß kann demnach nicht erreicht werden, daß ein Berufungsvorgang zur Wahl wird. Alle nicht als Wahl einzustufenden Auswahlentscheidungen sind Beschlüsse nach § 39 GO.

Besonderheiten für Wahlen sind:

a) auf Verlangen eines oder mehrerer Mitglieder der Gemeindevertretung muß geheim – also durch Stimmzettel – abgestimmt werden (§ 40 Abs. 2 GO); das Verlangen kann nicht zurückgewiesen werden. Bei geheimer Abstimmung müssen neutrale Stimmzettel ausgegeben werden, die mit einheitlichem Schreibgerät unbeobachtet auszufüllen sind.
b) die Ausschließungsgründe gelten nicht (§ 22 Abs.3 GO);
c) gewählt ist die Person, die die meisten Stimmen erhält, es sei denn, eine abweichende Mehrheit ist gesetzlich vorgeschrieben. Es gibt also im Meiststimmenverfahren lediglich zwei Stimmenarten, nämlich Stimmen für einen Kandidaten und Stimmenthaltungen (§ 40 Abs. 3 GO), daneben allenfalls noch ungültige Stimmen. Das zwingt in der Praxis die Gemeindevertreter/innen, die einen bestimmten Kandidaten verhindern wollen, ggfs. einen Gegenkandidaten aufzustellen.

Stimmzettel für geheime Abstimmungen

<table>
<tr><td colspan="2">Stimmzettel
für die Wahl der/des 1. stellvertretenden
Vorsitzenden der Gemeindevertretung</td></tr>
<tr><td>Dr. Gärtner, Otto</td><td>○</td></tr>
<tr><td>Maurer, Wilhelm</td><td>○</td></tr>
<tr><td>Glücklich, Suse</td><td>○</td></tr>
<tr><td>Stimmenthaltung</td><td>○</td></tr>
<tr><td colspan="2">Es darf nur eine Person oder das Feld „Stimmenthaltung" angekreuzt werden.</td></tr>
</table>

Beispiel:
Die Wahl des Bürgervorstehers erfolgt im Mehrstimmenverfahren. Vorgeschlagen wird A. Weitere Wahlvorschläge werden nicht eingebracht. A. wäre bereits gewählt, wenn nur eine Stimme für ihn abgegeben wird, weil er dann die „meisten" Stimmen erhält. Seine Wahl könnte nur dadurch verhindert werden, daß andere Kandidaten aufgestellt werden.

Die Wahl der Mitglieder der Ausschüsse muß auf Verlangen einer Fraktion im Verhältniswahlverfahren (§ 40 Abs. 4 GO) erfolgen (vgl. Ziff. 11.3 und 12.3.2). Für die Wahl der Bürgervorsteherin bzw. des Bürgervorstehers und der Stadtpräsidentin bzw. des Stadtpräsidenten gilt auf Verlangen das gebundene Vorschlagsrecht (vgl. Ziff. 10.3.7). Bei Ausschußvorsitzenden gilt kraft Gesetzes ein Zu-

74

griffsverfahren, das mit dem gebundenen Vorschlagsrecht gekoppelt ist.

Die in der Praxis häufig praktizierte „en bloc"-Wahl, bei der mehrere Stellen in einem Wahlgang besetzt werden, führt zwar zu einer starken Verfahrensvereinfachung; sie ist aber wegen des freien Mandats der Gemeindevertreter(innen) nur zulässig, wenn kein Mitglied der Gemeindevertretung widerspricht.

10.3.8.5 Abberufungen

Jeder, der von der Gemeindevertretung gewählt (vgl. § 40 Abs. 1 GO) wurde, kann durch sie durch Beschluß ohne besondere Begründung (vgl. OVG Lüneburg Die Gemeinde 1989, 380) abberufen werden. Es reicht bereits aus, daß die Gemeindevertretung zu einer von ihr gewählten Person nicht mehr das erforderliche Vertrauen besitzt. Die Angelegenheit muß auf der Tagesordnung gestanden haben, um übereilte Entscheidungen zu verhindern (§ 40 a GO). Dringlichkeitsanträge (§ 34 Abs. 4 GO) sind bei Abberufungen unzulässig. Ferner bedarf der Abberufungsbeschluß der Mehrheit der anwesenden Mitglieder der Gemeindevertretung, die relative Mehrheit nach § 39 Abs. 1 GO reicht nicht aus.

Beispiel:
Die Gemeindevertretung besteht aus 23 Mitgliedern, die vollständig anwesend sind. Es soll ein Gemeindevertreter aus einem Ausschuß abberufen werden. Da die Mitglieder der Ausschüsse gewählt werden, ist § 40a GO anzuwenden. Für die Abberufung stimmen 11 Gemeindevertreter, 8 Stimmen dagegen und 4 enthalten sich der Stimme. Die Abberufung ist – obwohl mehr Ja- als Nein-Stimmen abgegeben wurden – gescheitert, da nicht mehr als die Hälfte (mindestens 12 Gemeindevertreter) für die Abberufung gestimmt haben.

Für die Abberufung der Vorsitzenden, der hauptamtlichen Bürgermeister/innen und der Stadträtinnen und Stadträte gelten Besonderheiten (vgl. 10.3.7, 12.2.3 und 12.3.3).

Die Ausschließungsgründe gelten nach § 22 Abs. 3 Ziffer 2 GO nicht bei Abberufungen.

Die besonderen Vorschriften für Abberufungen nach § 40 a GO sind nicht anzuwenden, wenn die betreffende Person durch einfachen Beschluß, also nicht durch Wahl, das Amt erhalten hat. In diesen Fällen (z. B. Entsendung in Drittorganisationen, § 28 Ziff. 20 GO) erfolgt die Rücknahme der Bestellung durch einfachen Beschluß, wobei die Ausschließungsgründe gelten.

10.3.8.6 Öffentlichkeit von Sitzungen

Die Gemeindevertretung ist eine Volksvertretung und damit eine jedermann allgemein zugängliche Quelle im Sinne von Art. 5 GG. Die Gemeindevertretung berät und entscheidet aus diesem Grunde grundsätzlich öffentlich (§ 35 GO). Für Zuhörer an den Sitzungen der Gemeindevertretungen muß eine angemessene Anzahl von Plätzen bereit gestellt werden. Im übrigen müssen die Zugänge zu dem Sitzungsraum für jedermann zugänglich sein (BVerwG, DVBl. 1973, 369).

Soweit die Geschäftsordnung dies vorsieht, können Einwohnerinnen und Einwohner, die das 14. Lebensjahr vollendet haben, in öffentlichen Sitzungen der Gemeindevertretung Fragen zu Beratungsgegenständen oder anderen Selbstverwaltungsproblemen stellen (§ 16 c GO); vgl. hierzu Ziff. 8.1.4. Im übrigen ist die Öffentlichkeit auf eine reine Zuhörerschaft beschränkt, darf also nicht mitdebattieren. Auch die Anfertigung von Tonband- oder Videoaufnahmen ist den Zuhörern nicht gestattet, weil dadurch die Persönlichkeitsrechte der Gemeindevertreter(innen) verletzt werden würden (OVG Lüneburg, Die Gemeinde, 1989, 345). Stören einzelne Zuhörer durch ihr Verhalten den Sitzungsverlauf, so können sie vom Vorsitzenden, der über das Hausrecht verfügt (§ 37 GO), des Saales verwiesen werden.

Sofern das öffentliche Wohl oder berechtigte Einzelinteressen es erfordern, muß die Öffentlichkeit durch Beschluß der Gemeindevertretung mit Zweidrittelmehrheit der anwesenden Gemeindevertreter(innen) ausgeschlossen werden. Ein Ermessen besteht nicht; der

Ausschluß ist in den genannten Fällen vielmehr eine Rechtspflicht der Gemeindevertretung. Schutzwürdige Einzelinteressen können z. B. vorliegen bei der Beratung von Personal-, Sozial- und Jugendhilfeangelegenheiten oder Stundungs- oder Unterstützungsanträgen. Die jeweils betroffene Person kann verlangen, daß die Sache öffentlich beraten wird. Diesem Verlangen muß entsprochen werden (§ 35 Abs. 1 Satz 3 GO). Das öffentliche Wohl würde einen Ausschluß der Öffentlichkeit erfordern, wenn z. B. die Rahmenbedingungen für Kreditverhandlungen mit Kreditinstituten festgelegt werden sollen oder wenn es bei der Beratung von Grundstücksangelegenheiten gilt, Spekulationen zu verhindern. Kommt ein solcher Beschluß nicht zustande, obwohl der Ausschluß der Öffentlichkeit zwingend ist, muß die/der Bgm. dem sofort gem. § 43 GO widersprechen, damit die Beratungen nicht öffentlich weitergeführt werden können.

Die Beschlußfassung über die Ausschließung der Öffentlichkeit erfolgt entweder generell für bestimmte Beratungsgegenstände oder im Einzelfall.

Die Beschlüsse aus nicht öffentlichen Sitzungen sind später öffentlich bekanntzugeben, es sei denn, daß das öffentliche Wohl oder schutzwürdige Einzelinteressen entgegenstehen (vgl. hierzu BVerwG, Die Gemeinde 1975, 218).

10.3.8.7 Niederschrift

Über jede Sitzung der Gemeindevertretung ist eine Niederschrift anzufertigen, die binnen 30 Tagen, spätestens aber zur nächstfolgenden Sitzung der Gemeindevertretung vorliegen soll. Eine spätere Vorlage der Niederschrift ist damit nur in begründeten Ausnahmefällen möglich. Das Protokoll soll später als Beweismittel dienen (§ 415 ff. ZPO); vgl. hierzu OVG Lüneburg, Die Gemeinde 1981, 360. Wer die Niederschrift anzufertigen hat, wird von der Gemeindevertretung bestimmt. Über die Änderung der Niederschrift aufgrund von Einwendungen entscheidet die Gemeindevertretung durch Beschluß (§ 41 Abs. 2 GO).

Übliche Formen der Niederschrift sind das Beschlußprotokoll und das Inhaltsprotokoll. Im Gegensatz zum Beschlußprotokoll, das lediglich die Anträge, die Beschlüsse und das Abstimmungsergebnis enthält, läßt sich dem Inhaltsprotokoll auch der wesentliche Verlauf der Beratungen entnehmen. Vereinzelt ist in Geschäftsordnungen, die die Protokollführung üblicherweise regeln, vorgesehen, daß bei bestimmten Beratungsgegenständen die Anfertigung eines Wortprotokolls gefordert werden kann (z. B. bei persönlichen Erklärungen, Entschuldigungen). Diese Art der Niederschrift ist sehr aufwendig und deshalb relativ selten. Da Niederschriften über nichtöffentliche Sitzungen der Vertraulichkeit unterliegen, müssen die Gemeindevertreter(innen) entsprechend sorgsam damit umgehen. Die Einw. haben das Recht, in Niederschriften über öffentliche Sitzungen Einsicht zu nehmen (§ 41 Abs. 3 GO).

10.3.9 Aufgaben der Gemeindevertretung

Die Gemeindevertretung ist das oberste Willensbildungsorgan und hat als solches die Ziele und Grundsätze für die Verwaltung der Gemeinde festzulegen, über alle wichtigen Angelegenheiten zu entscheiden und deren Durchführung zu überwachen (§ 27 GO). Ob eine Angelegenheit wichtig ist, entscheidet die Gemeindevertretung selbst (Schl.-H. OVG, Die Gemeinde 1991, 393) im Rahmen ihrer politischen Willensbildung, wobei allerdings § 27 GO gleichzeitig einen Appell darstellt, sich auf wirklich wichtige politische Grundentscheidungen zu beschränken. Dieser Gesichtspunkt hat gerade im Zuge der Einführung neuer Steuerungsformen erhebliche Bedeutung. Diese haben u. a. zum Gegenstand, daß die Entscheidungsverantwortung soweit wie möglich delegiert wird. Zu berücksichtigen ist weiter, daß die/der Bürgermeister/in alleinverantwortlich für die Verwaltungsführung ist und daß ihr/ihm auch allein die Geschäfte der laufenden Verwaltung obliegen (§§ 55 Abs. 1, 65 Abs. 1 GO).

78

Ablauf einer Sitzung der Gemeindevertretung

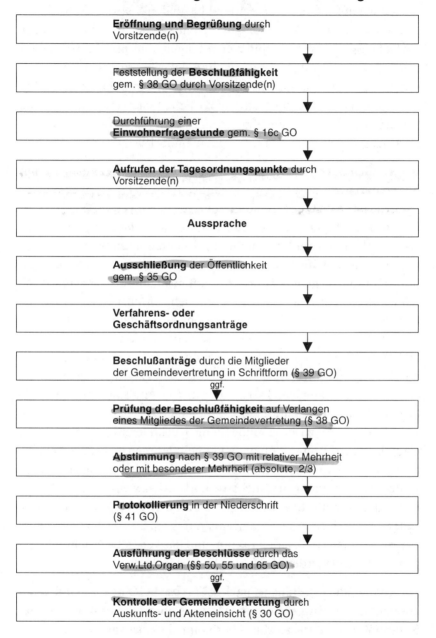

Eröffnung und Begrüßung durch
Vorsitzende(n)

Feststellung der **Beschlußfähigkeit**
gem. § 38 GO durch Vorsitzende(n)

Durchführung einer
Einwohnerfragestunde gem. § 16c GO

Aufrufen der Tagesordnungspunkte durch
Vorsitzende(n)

Aussprache

Ausschließung der Öffentlichkeit
gem. § 35 GO

Verfahrens- oder
Geschäftsordnungsanträge

Beschlußanträge durch die Mitglieder
der Gemeindevertretung in Schriftform (§ 39 GO)
ggf.

Prüfung der Beschlußfähigkeit auf Verlangen
eines Mitgliedes der Gemeindevertretung (§ 38 GO)

Abstimmung nach § 39 GO mit relativer Mehrheit
oder mit besonderer Mehrheit (absolute, 2/3)

Protokollierung in der Niederschrift
(§ 41 GO)

Ausführung der Beschlüsse durch das
Verw.Ltd.Organ (§§ 50, 55 und 65 GO)
ggf.

Kontrolle der Gemeindevertretung durch
Auskunfts- und Akteneinsicht (§ 30 GO)

Die Zuständigkeit der Gemeindevertretung erstreckt sich ausschließlich auf die der Gemeinde obliegenden Selbstverwaltungsangelegenheiten. Die Aufgaben zur Erfüllung nach Weisung obliegen der/dem Bgm. Die Gemeindevertretungen sind im übrigen darauf beschränkt, sich mit Angelegenheiten des Kommunalen Wirkungskreises zu befassen. Sie verfügen nicht über ein allgemeines politisches Mandat und sind deshalb nicht befugt, sich mit bundes- oder landespolitischen Fragen ohne konkreten Gemeindebezug zu beschäftigen (OVG Lüneburg, Die Gemeinde 1987, 47).

Die Gemeindevertretung hat die Möglichkeit, Entscheidungen auf den Hauptausschuß (nur in hauptamtlich verwalteten Gemeinden und Städten, § 45 a GO) oder die/den Bgm. zu übertragen (§ 27 GO). Eine Übertragung kann auch zu Gunsten von Ausschüssen (§ 45 Abs. 2 GO) erfolgen. Es muß sich in diesem Fall immer um bestimmte, also fest umgrenzte Aufgaben oder Aufgabenfelder handeln. Die Delegation kann sowohl generell durch die Hauptsatzung als auch im Einzelfall erfolgen. Formell ist dazu ein einfacher Mehrheitsbeschluß, im Falle der allgemeinen Übertragung eine Hauptsatzungsregelung notwendig. Ist eine Delegation erfolgt, so kann die Gemeindevertretung im Falle einer allgemeinen Übertragung durch die Hauptsatzung nur durch Änderung der Hauptsatzung die Delegation rückgängig machen. Bei einer Aufgabenübertragung im Einzelfall kann sie die Angelegenheit durch Beschluß jederzeit wieder in die eigene Zuständigkeit zurückführen. Eine Begründung für die Rückübertragung braucht die Gemeindevertretung als oberstes Gemeindeorgan nicht zu geben. Sofern eine Übertragung im Einzelfall durch Beschluß erfolgt ist, dürfen weitere Entscheidungen nicht getroffen werden, wenn die Angelegenheit in der nächsten Sitzung der Gemeindevertretung erörtert werden soll (§ 27 Abs. 3 GO). Dies kann ggfs. durch ein Drittel der Gemeindevertreter(innen) bzw. jede Fraktion und das verwaltungsleitende Organ erzwungen werden (§ 34 Abs. 1 und 4 GO).

Die Gemeindevertretung ist nach § 27 Abs. 4 GO in Gemeinden mit ehrenamtlicher Bürgermeisterverfassung oberste Dienstbehörde der Mitarbeiter (sofern solche überhaupt beschäftigt werden) und

Übertragung von Entscheidungen

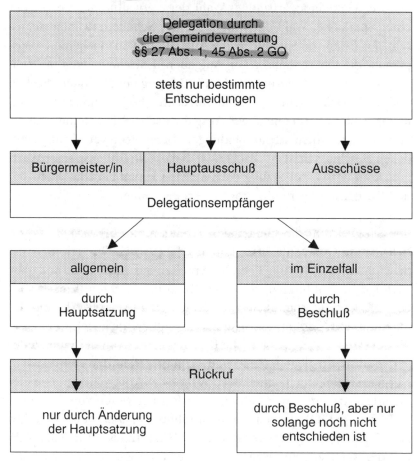

Delegation durch
die Gemeindevertretung
§§ 27 Abs. 1, 45 Abs. 2 GO

stets nur bestimmte
Entscheidungen

| Bürgermeister/in | Hauptausschuß | Ausschüsse |

Delegationsempfänger

allgemein

durch
Hauptsatzung

im Einzelfall

durch
Beschluß

Rückruf

nur durch Änderung
der Hauptsatzung

durch Beschluß, aber nur
solange noch nicht
entschieden ist

Dienstvorgesetzter der Bürgermeisterin/des Bürgermeisters. In hauptamtlich verwalteten Gemeinden und in Städten ist die/der Bürgerm. oberste Dienstbehörde und Dienstvorgesetzter.

Bestimmte Entscheidungen sind der Gemeindevertretung durch Gesetz vorbehalten und können deshalb nicht delegiert werden (§ 28 GO). Zu den vorbehaltenen Aufgaben gehören z. B. Entscheidungen, die durch die GO oder andere Gesetze ausdrücklich der Gemeindevertretung zugeordnet werden (z. B. Wahl der/des Vorsitzenden der Gemeindevertretung, Wahl der Verwaltungsratsmitglieder einer Sparkasse, Wahl der Mitglieder des Schulleiterwahlausschusses), der Erlaß von Satzungen, die Aufstellung von Flächennutzungsplänen, die Übernahme neuer Aufgaben, Entscheidungen im Rahmen von Gebietsänderungen, die Einführung neuer Hoheitszeichen und die Verleihung der Ehrenbürgerrechte, die Leistung außerplanmäßiger und überplanmäßiger Ausgaben sowie eine Reihe anderer vermögensrechtlicher Entscheidungen. Bei einigen vermögensrechtlichen Beschlüssen ist zu beachten, daß diese im Rahmen einer Wertgrenze in der Hauptsatzung doch auf den Hauptausschuß bzw. die/den Bürgermeister/in übertragen werden können.

Die Möglichkeit, die Gemeindeverwaltung zu überwachen, ergibt sich für die Gemeindevertretung aus § 27 Abs. 2 GO. Hiernach ist die Gemeindevertretung über die Arbeiten der Ausschüsse und über wichtige Verwaltungsangelegenheiten zu unterrichten. Eine besondere Bedeutung kommt insoweit in hauptamtlich verwalteten Gemeinden und Städten dem Hauptausschuß zu, der nach § 45 b GO die gesetzliche Aufgabe hat, die Umsetzung der von der Gemeindevertretung festgelegten Ziele und Grundsätze in der von der/dem Bürgerm. geleiteten Gemeindeverwaltung zu kontrollieren. Die Gemeindevertretung hat im übrigen ein Berichtswesen zu entwickeln (§ 28 Ziff. 26 GO), das der Hauptausschuß vorzubereiten hat (§ 45 b Abs. 1 Ziff. 2 GO). Ferner hat die/der Bürgermeister(in) nach § 36 GO die Rechtspflicht, der Gemeindevertretung und auch einzelnen Gemeindevertreterinnen und Gemeindevertretern Auskunft zu erteilen. Darüberhinaus können die Gemeindevertreterinnen und Gemeindevertreter Akteneinsicht vom Bürgermeister/in verlangen (§ 30 GO), soweit dies für ihre kommunalpolitische Arbeit notwendig ist. Das Recht auf Akteneinsicht ist durch gesetzliche Vorschriften über die Geheimhaltung (Steuergeheimnis, ärztliche Schweigepflicht) sowie durch berechtigte Interessen Einzelner auf vertrauliche Behandlung ihrer Angaben und Daten begrenzt. So dürfen z. B. in Akten, die dem Sozialgeheimnis unterliegen, nur Mitglieder des

Sozial- oder Jugendausschusses Einsicht nehmen (§ 30 Abs. 2 GO). Da die Beschlüsse der Gemeindevertretung in amtsangehörigen Gemeinden durch das Amt ausgeführt werden, können Gemeindevertreter hier vom Amtsvorsteher Akteneinsicht verlangen (§ 30 Abs. 4 GO).

10.3.10 Auflösung der Gemeindevertretung

Wenn die Erledigung der Gemeindeaufgaben nicht mehr anders gesichert werden kann (z. B. im Falle einer desolaten Haushaltswirtschaft) und im Falle der dauernden Beschlußunfähigkeit (vgl. § 38 und Ziff. 10.3.8.2) kann der Innenminister die Gemeindevertretung durch Verwaltungsakt auflösen. Gleiches gilt für den Fall von Einwohnerschwankungen infolge von Gebietsänderungen (vgl. hierzu Ziff. 7.2). In diesen Fällen wird sobald wie möglich, spätestens binnen drei Monaten eine Neuwahl durchgeführt, weil Art. 28 Abs. 1 GG verlangt, daß es in Gemeinden gewählte Volksvertretungen geben muß. Zur Wahrnehmung der Aufgaben der Gemeindevertretung hat die Kommunalaufsichtsbehörde ggfs. für die Interimszeit einen Beauftragten zu bestellen (§ 127 GO).

11. Ausschüsse der Gemeindevertretung

11.1 Bildung der Ausschüsse

Die Gemeindevertretung hat Ausschüsse zur Vorbereitung ihrer Beschlüsse und zur Kontrolle der Gemeindeverwaltung zu wählen. Sie bestimmt grundsätzlich frei, welche Ausschüsse sie bilden will, wie diese besetzt werden und welche Zuständigkeiten diese haben (§ 45 Abs. 1 GO). Übliche Ausschüsse sind: Finanzausschuß, Sozial- und Jugendausschuß, Bau- und Wegeausschuß, Schul- und Kulturausschuß, Umweltausschuß, Sportausschuß, Wirtschaftsförderungsausschuß. Es gibt aber auch Ausschüsse, die nach besonderen gesetzlichen Regelungen gebildet werden müssen. So sieht z. B. § 45 Abs. 2 GO vor, daß Gemeinden mit hauptamtlichen Bürgerm. und Städte einen Hauptausschuß (vgl. hierzu unten) zu bilden haben (weitere Beispiele: Jugendhilfeausschuß, Ausschuß zur Prüfung der Jahresrechnung, Wahlprüfungsausschuß, Kleingartenausschuß).

Zu unterscheiden sind die ständigen und die nicht ständigen Ausschüsse. Bei den ständigen Ausschüssen besteht die Absicht, diese dauerhaft einzurichten, während nicht ständige Ausschüsse nur für einen bestimmten Zweck gebildet werden (z. B. Bildung eines Festausschusses für ein Gemeinde-Jubiläum). Die ständigen Ausschüsse, ihr Aufgabengebiet und die Zahl ihrer Mitglieder müssen in der Hauptsatzung festgelegt werden (§ 45 Abs. 3 GO). Für die Hauptsatzungen hat der Innenminister mit Erlaß vom 28. 6. 1990 (Amtsbl. S. 389) Muster herausgegeben, die insoweit Formulierungshilfen geben.

Beispiel für eine Hauptsatzungsregelung
§...
Ständige Ausschüsse
(1) Die folgenden ständigen Ausschüsse nach § 45 Abs. 1 GO werden gebildet:

a) Finanzausschuß
Zusammensetzung:
5 Gemeindevertreterinnen und Gemeindevertreter

Aufgabengebiet:
Finanzwesen einschließlich Vorbereitung des Haushaltsplanes mit Anlagen
Grundstücksangelegenheiten
Steuerangelegenheiten, Gebühren, Beiträge
privatrechtliche Entgelte
Darlehensentnahmen,

b) Schul-, Kultur- und Sportausschuß
Zusammensetzung:

*5 Gemeindevertreterinnen und Gemeindevertreter und bis zu 2 wähl-
bare Bürgerinnen und Bürger*

Aufgabengebiet:
Schulwesen
Schülerbeförderung
Kultur- und Gemeinschaftswesen
Büchereiwesen
Volkshochschule
Musikschule
Förderung und Pflege des Sports
c) ...

Eine besondere Stellung hat der Hauptausschuß, der durch die Kommunalrechtsnovelle 1995 eingeführt wurde, und mit Wirkung vom 1. 4. 1998 in allen Gemeinden mit hauptamtlicher Bürgermeisterverfassung und in allen Städten eingerichtet werden muß. In den kreisfreien Städten erfolgt die Einführung bereits am 1. 1. 1997. Der Hauptausschuß besteht immer nur aus Gemeindevertretern und Gemeindevertreterinnen, so daß bürgerliche Mitglieder nicht wählbar sind (§ 45 a GO). Die/der Bürgermeister/in ist Kraft Gesetzes Mitglied des Hauptausschusses, hat jedoch kein Stimmrecht und kann auch nicht zur/zum Vorsitzenden gewählt werden. Die/der Vorsitzende des Hauptausschusses wird von der Gemeindevertretung aus der Mitte der stimmberechtigten Hauptausschußmitglieder im Zugriffsverfahren (vgl. Ziff. 11.4) gewählt.

Der Hauptausschuß ist kein Organ der Gemeinde (vgl. § 7 GO), sondern – abgesehen von der beschriebenen Zusammensetzung und seiner gesetzlich geordneten Aufgabenstellung – ein normaler Ausschuß der Gemeindevertretung. Für ihn gelten auch alle für die Ausschüsse geltenden Vorschriften entsprechend. Das gilt insbesondere für sein Verfahren (vgl. hierzu Ziff. 11.5).

Aus den anderen Ausschüssen hebt sich der Hauptausschuß durch seine Aufgabenstellung hervor. Er hat insbesondere die Arbeit der übrigen Ausschüsse zu koordinieren und die Gemeindeverwaltung zu überwachen. Durch die Koordinierungsfunktion soll sichergestellt werden, daß die Zielrichtung der Arbeit von verschiedenen be-

Hauptausschuß in hauptamtlich verwalteten Gemeinden, Städten und Kreisen

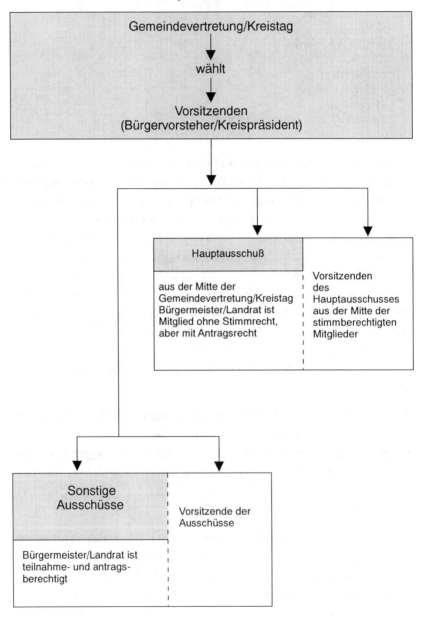

Gemeindevertretung/Kreistag

wählt

Vorsitzenden
(Bürgervorsteher/Kreispräsident)

Hauptausschuß

aus der Mitte der
Gemeindevertretung/Kreistag
Bürgermeister/Landrat ist
Mitglied ohne Stimmrecht,
aber mit Antragsrecht

Vorsitzenden
des
Hauptausschusses
aus der Mitte der
stimmberechtigten
Mitglieder

Sonstige Ausschüsse

Bürgermeister/Landrat ist
teilnahme- und antrags-
berechtigt

Vorsitzende der
Ausschüsse

teiligten Ausschüssen identisch bleibt. Gegebenenfalls kann der Hauptausschuß der Gemeindevertretung ein von den Vorschlägen der Fachausschüsse abweichendes Votum zur Beschlußfassung empfehlen. Die Kontrollfunktion des Hauptausschusses bezieht sich auf die Umsetzung der von der Gemeindevertretung festgelegten Ziele und Grundsätze innerhalb der Gemeindeverwaltung. Dabei ist der Hauptausschuß auf eine politisch strategische Kontrolle beschränkt; die operative Kontrolle gegenüber der Gemeindeverwaltung obliegt dem verwaltungsleitenden Organ, also der/dem Bürgermeister/in. Weiter hat der Hauptausschuß die Aufgabe, die Grundsatzbeschlüsse der Gemeindevertretung über die Festlegung politischer Ziele vorzubereiten und das von der Gemeindevertretung zu beschließende Berichtswesen zu entwickeln. Schließlich hat er die Entscheidungen zu treffen, die ihm die Gemeindevertretung übertragen hat; hierzu können auch bestimmte der Gemeindevertretung vorbehaltene Aufgaben gehören, soweit sich diese im Rahmen einer in der Hauptsatzung beschriebenen Wertgrenze bewegen (vgl. § 28). Gegenüber der/dem Bürgermeister/in ist der Hauptausschuß Dienstvorgesetzter.

11.2 Zusammensetzung der Ausschüsse

Die Größe der Ausschüsse ist unterschiedlich. Je nach Größe der Gemeindevertretung sehen die Hauptsatzungen meist 5, 7, 9 oder mehr Mitglieder vor. Auch die Größe der Hauptausschüsse ist in das Belieben der Gemeindevertretungen gestellt und wird durch die Hauptsatzung festgelegt. Zu Mitgliedern der Ausschüsse können im Falle der Hauptausschüsse nur Gemeindevertr., im übrigen aber auch andere Bürg. gewählt werden, die zur Gemeindevertretung wählbar sein müssen. Allerdings darf die Zahl der sogenannten bürgerlichen Mitglieder die der Gemeindevertr. nicht erreichen (§ 46 Abs. 2 GO). Die Regelung verfolgt zum einen das Ziel, besonders sachkundige Personen in Ausschüsse wählen zu können (z. B. Architekten in den Bauausschuß, Finanzexperten in den Finanzausschuß),

Darstellung der Ausschußmitglieder

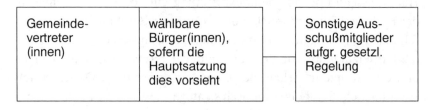

Gemeinde-vertreter (innen)	wählbare Bürger(innen), sofern die Hauptsatzung dies vorsieht	Sonstige Aus-schußmitglieder aufgr. gesetzl. Regelung

Schematische Darstellung der Ausschüsse

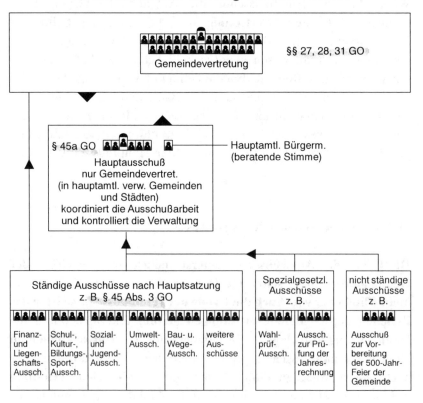

Gemeindevertretung

§§ 27, 28, 31 GO

§ 45a GO

Hauptausschuß
nur Gemeindevertret.
(in hauptamtl. verw. Gemeinden
und Städten)
koordiniert die Ausschußarbeit
und kontrolliert die Verwaltung

Hauptamtl. Bürgerm.
(beratende Stimme)

Ständige Ausschüsse nach Hauptsatzung z. B. § 45 Abs. 3 GO

Spezialgesetzl. Ausschüsse z. B.

nicht ständige Ausschüsse z. B.

Finanz- und Liegen-schafts-Aussch.	Schul-, Kultur-, Bildungs-, Sport-Aussch.	Sozial- und Jugend-Aussch.	Umwelt-Aussch.	Bau- u. Wege-Aussch.	weitere Aus-schüsse	Wahl-prüf-Aussch.	Aussch. zur Prü-fung der Jahres-rechnung	Ausschuß zur Vor-bereitung der 500-Jahr-Feier der Gemeinde

zum anderen dient sie einer Entlastung der Gemeindevertr. Schließlich soll sie auch eine stärkere Beteiligung der Bürg. an der Selbstverwaltung ermöglichen.

Einige Spezialgesetze schreiben die Mitgliedschaft bestimmter Personen in gemeindlichen Ausschüssen vor (z. B. Kinder- und Jugendhilfegesetz, Kleingartengesetz).

11.3 Wahl der Ausschußmitglieder

Für die Wahl der Ausschußmitglieder (auch der des Hauptausschusses) stellt die GO zwei Alternativen zur Verfügung, nämlich entweder das Meiststimmenverfahren (vgl. Abschn. 10.3.8.4) oder ein Verhältniswahlverfahren. Die Wahl der Ausschußmitglieder findet automatisch im Meiststimmenverfahren statt, wenn keine Fraktion (vgl. § 32 a GO) die Verhältniswahl verlangt. Wenn kein Mitglied der Gemeindevertretung widerspricht, ist es auch zulässig, sämtliche Mitglieder eines Ausschusses „en bloc" zu wählen. Die Anwendung des Meiststimmenverfahrens setzt in der Regel voraus, daß sich die Fraktionen zuvor verständigen; anderenfalls birgt es die Gefahr in sich, daß die Mehrheitsfraktion eine politisch einseitige Ausschußbesetzung durchsetzt.

Das Verhältniswahlverfahren muß durchgeführt werden, wenn es eine oder mehrere Fraktionen verlangt haben. Das Verlangen ist an die/den Vorsitzende(n) zu richten. Das Verlangen kann für einen aber auch für alle Ausschüsse gestellt werden. In diesem Fall stellen die Fraktionen Namenslisten für die Kandidatinnen und Kandidaten (Listen) auf, die sie in den Ausschuß wählen möchten. Anschließend wird über die Wahllisten abgestimmt. Das kann sowohl offen als auch auf Verlangen durch Stimmzettel geschehen. Die Sitze werden sodann auf der Grundlage des Abstimmungsergebnisses nach dem Höchstzahlenverfahren vergeben. Bei der Abstimmung hat jede(r) Gemeindevertreter(in) nur eine Stimme. Es ist also nicht möglich, für mehrere Listen zu stimmen. Dies Verhältniswahlverfahren unterscheidet sich maßgeblich von den Verhältniswahlverfahren im gebundenen Vorschlagsrecht bzw. im Zugriffsverfahren (§ 33 Abs. 2, § 46 Abs. 4 GO), bei denen es allein auf die Teilung der Fraktionszahlen ankommt.

Die Abstimmung über die Listen erlaubt, auch für die Liste einer anderen Fraktion zu stimmen. Hierbei handelt es sich um sogen. Zählgemeinschaften.

In die Listen dürfen nicht nur Mitglieder der eigenen Fraktion aufgenommen werden; sie können auch Kandidaten aus anderen Fraktionen oder fraktionslose Gemeindevertreter enthalten. Weisen mehrere Listenvorschläge für den letzten zu vergebenden Sitz die gleiche Höchstzahl auf, so entscheidet das Los (§ 40 Abs. 4 GO).

1. Beispiel:

Die Fraktionen in der Gemeindevertretung haben folgende Stärke: A-Fraktion 5, B-Frakion 4, C-Fraktion 3, 1 Einzelbewerber. Zu wählen ist der Finanzausschuß, der aus 5 Mitgliedern besteht. Die C-Fraktion verlangt Verhältniswahl. Die Abstimmung über die Listen ergibt, daß auf den Wahlvorschlag der A-Fraktion 5 Stimmen, auf den der B-Fraktion 4 Stimmen und auf den der C-Fraktion ebenfalls 4 Stimmen entfallen.

		Liste A-Fraktion	Liste B-Fraktion	Liste C-Fraktion
Abstimmungs-	: 1	5①	4②	4③
ergebnis	: 2	2,5④	2	2⑤ *Los*

Gewählt sind somit die beiden ersten Kandidatinnen bzw. Kandidaten der A-Fraktion, die/der erste Kandidat(in) aus dem Vorschlag der B-Fraktion und die beiden ersten Kandidaten(innen) aus dem Vorschlag der C-Fraktion, davon einer durch Losentscheid.

2. Beispiel:

Die Fraktionen in der Gemeindevertretung haben folgende Stärke: A-Fraktion 6, B-Fraktion 3, C-Fraktion 4. Zu wählen ist der aus 5 Personen bestehende Umweltausschuß. Die C-Fraktion verlangt Verhältniswahl. Listen werden nur von der A-Fraktion und der C-Fraktion eingereicht. Für die Liste der A-Fraktion stimmen 6 und für die Liste der C-Fraktion 7 Gemeindevertreter.

		Liste A-Fraktion	Liste C-Fraktion
Abstimmungs-	: 1	6②	7①
ergebnis	: 2	3④	3,5③
	: 3	2	2¹/₃⑤

Gewählt sind somit die ersten beiden Kandidaten der A-Fraktion und die ersten drei Kandidaten aus dem Vorschlag der C-Fraktion, die sich offensichtlich zuvor mit der B-Fraktion abgesprochen und ein Mitglied von B in den eigenen Wahlvorschlag aufgenommen hat.

3. Beispiel:
Die Gemeindevertretung besteht aus der A-Fraktion (10 Mitglieder) und der B-Fraktion (9 Mitglieder). Bei der Wahl der Ausschüsse fehlen zwei Mitglieder der A-Fraktion, so daß die A-Fraktion nur mit 8 Mitgliedern anwesend ist. Die B-Fraktion wäre nun in der Lage, sämtliche Ausschußstellen mit ihren Mitgliedern zu besetzen; sie verfügt nämlich in jedem Wahlgang über die meisten Stimmen. Aus diesem Grunde wird die A-Fraktion Verhältniswahl verlangen. Dabei würden dann auf ihre Liste voraussichtlich 8 Stimmen und auf die der B-Fraktion 9 Stimmen entfallen. Bei einem aus 7 Personen bestehenden Ausschuß ergäbe sich folgende Sitzverteilung:

		Liste A-Fraktion	Liste B-Fraktion
Abstimmungs-	: 1	$8$②	$9$①
ergebnis	: 2	$4$④	$4^1/_2$③
	: 3	$2^2/_3$⑥	$3$⑤
	: 4	2	$2^1/_4$⑦

4. Beispiel:
Die Gemeindevertretung besteht aus drei Fraktionen (A-Fraktion 10 Mitglieder, B-Fraktion 9 Mitglieder, C-Fraktion 2 Mitglieder). Für die Wahl der aus 7 Personen bestehenden Ausschüsse haben die B-Fraktion und die C-Fraktion verabredet, gemeinsam zu stimmen. Sofern die A-Fraktion hiervon Kenntnis erhält, ist sie gezwungen, Verhältniswahl zu verlangen. Die dann erforderliche Abstimmung über Listen würde, vorausgesetzt alle Gemvertr. sind anwesend, ergeben:

		Liste A-Fraktion	Liste B-Fraktion
Abstimmungs-	: 1	$10$②	$11$①
ergebnis	: 2	$5$④	$5^1/_2$③
	: 3	$3^1/_3$⑥	$3^2/_3$⑤
	: 4	$2^1/_2$	$2^3/_4$⑦

Würde die A-Fraktion nicht das Verlangen stellen, liefe sie Gefahr, im dann stattfindenden Meiststimmenverfahren keinen Sitz zu erhalten

Die Bildung einer Zählgemeinschaft ist aus der Sicht der B-Fraktion und der C-Fraktion im übrigen sinnvoll. Würden sie jeweils eigene Listen aufstellen, ergäbe die Abstimmung voraussichtlich:

		Liste A-Fraktion	Liste B-Fraktion	Liste C-Fraktion
Abstimmungs-	: 1	$10$①	$9$②	2
ergebnis	: 2	$5$③	$4^{1}/_{2}$④	1
	: 3	$3^{1}/_{3}$⑤	$3$⑥	
	: 4	$2^{1}/_{2}$⑦	$2^{1}/_{4}$	

Die A-Fraktion hätte also in diesem Fall einen Sitz mehr als die B- und C-Fraktion gemeinsam.

Die Wahl von Gemeindevertreter(innen) und bürgerlichen Ausschußmitgliedern erfolgt gemeinsam, also in ein und derselben Liste. Entfallen zu viele Höchstzahlen auf vorgeschlagene bürgerliche Mitglieder, so sind nach Erreichen der in der Hauptsatzung vorgesehenen Anzahl für bürgerliche Mitglieder die weiteren Wahlvorschläge für bürgerliche Mitglieder zu überspringen, so daß die Höchstzahlen auf Gemeindevertreter entfallen. Entsprechend ist zu verfahren, wenn zunächst die Stellen für Gemeindevertreter auf den Listen aufgeführt werden.

Beispiel:
Die Listen für die Besetzung des Umweltausschusses, der nach der Hauptsatzung aus 2 bürgerlichen Mitgliedern und 3 Gemeindevertr. besteht, weisen folgende Namen auf:

Liste A-Fraktion
- *Bäcker (bürgerl.)*
  Müller (bürgerl.)
- *Schuster*
  Schlachter

Liste B-Fraktion
- *Schlosser (bürgerl.)*
- *Kellner*
  Künstler

Liste C-Fraktion
  Lehrer (bürgerl.)
- *Maler*
  Pfarrer

Auf die Liste der A-Fraktion entfallen 7 Stimmen, auf die der B-Fraktion 6
und auf die der C-Fraktion 4. Die Höchstzahlenberechnung ergibt damit
folgendes Bild:

		Liste A-Fraktion	Liste B-Fraktion	Liste C-Fraktion
Abstimmungs-	*: 1*	*7①*	*6②*	*4③*
ergebnis	*: 2*	*3¹/₂④*	*3⑤*	*2*
	: 3	*2¹/₃*	*2*	*1¹/₃*

Gewählt sind damit Bäcker und Schlosser als bürgerliche Mitglieder.
Die weiteren Vorschläge für bürgerliche Mitglieder (Müller, Lehrer)
werden übersprungen, weil die Stellen für Bürgerliche vergeben sind.
Weitere Ausschußmitglieder sind also die Gemeindevertreter, Maler,
Schuster und Kellner.

Die/der nicht stimmberechtigte hauptamtliche Bürgermeister/in er-
scheint bei der Wahl der Hauptausschußmitglieder nicht auf den
Wahlvorschlägen, weil sie/er kraft Gesetzes dem Hauptausschuß angehört.

Das Verhältniswahlverfahren stellt einen Minderheitenschutz dar.
Es gewährleistet, daß die Ausschüsse von den Mehrheitsfraktionen
nicht einseitig nur mit eigenen Mitgliedern besetzt werden können
(§ 46 Abs. 1 i. V. m. § 40 Abs. 4 GO). Eine einseitige Besetzung ist
nicht sachgerecht, weil die Gemeindevertretung dann (zu Recht)
keinerlei Vertrauen in eine alle Gesichtspunkte einbeziehende Vorbereitung ihrer Beschlußfassung hätte.

Die Hauptsatzung kann vorsehen, daß stellvertretende Mitglieder
der Ausschüsse gewählt werden. Das gilt auch für den Hauptausschuß. Die/der hauptamtliche Bürgermeister/in wird dort von seiner/
seinem Stellv. vertreten. Wählbar sind im Falle des Hauptausschusses nur Gemvertr., im übrigen auch andere Bürger, soweit die
Hauptsatzung dies zuläßt. Die Stellvertreter werden bei Verhinderung eines Ausschußmitgliedes tätig. Denkbar sind entweder eine
persönliche Stellvertretung oder eine sogen. pool-Stellvertretung,
bei der die Stellvertreter im Vertretungsfall in der Reihenfolge tätig
werden, in der sie gewählt worden sind.

11.4 Ausschußvorsitzende

Für die Ladung und Verhandlungsleitung sowie die Berichterstattung in der Gemeindevertretung benötigen die Ausschüsse Ausschußvorsitzende. Die Wahl der Ausschußvorsitzenden erfolgt immer durch die Gemeindevertretung, also nicht durch die Ausschüsse selbst. Dies Verfahren ist gesetzlich vorgezeichnet und gilt auch für den Vorsitzenden des Hauptausschusses. Die Wahl erfolgt ähnlich dem gebundenen Vorschlagsrecht beim Vorsitzenden der Gemeindevertretung. Zunächst können die Fraktionen in der Reihenfolge der nach ihrer Stärke ermittelten Höchstzahlen bestimmen, für welchen Ausschuß sie das alleinige Vorschlagsrecht haben (Zugriffsverfahren); es kommt hier ausschließlich auf die abstrakten Fraktionsgrößen an, nicht also auf abgegebene Stimmen oder Anwesenheit. In der Regel dürfte in hauptamtl. verwalteten Gemeinden und Städten auf den Vorsitz im Hauptausschuß, im übrigen auf den Vorsitz im Finanzausschuß zugegriffen werden. Dies ist aber nicht zwingend, sondern hängt davon ab, welche politische Bedeutung die einzelnen Fraktionen dem jeweiligen Ausschuß beimessen. In der anschließenden Wahl sind nur die Fraktionen für die/den Vorsitzende(n) vorschlagsberechtigt, die auf den jeweiligen Sitz zugegriffen haben. Wählbar sind nur Mitglieder des jeweiligen Ausschusses. Deshalb muß die Wahl der Ausschüsse dem Verfahren vorausgegangen sein. Die vorschlagsberechtigte Fraktion kann auch Mitglieder einer anderen Fraktion oder fraktionslose Ausschußmitglieder zur Wahl vorschlagen. Die Wahl selbst wird nach § 39 Abs. 1 GO durchgeführt, also in Form eines Beschlusses mit Ja-Stimmen, Nein-Stimmen und Stimmenthaltungen. Gewählt ist die/der Vorgeschlagene dann, wenn sie/er mehr Ja- als Nein-Stimmen erhalten hat.

Abgesehen vom Hauptausschuß können auch bürgerliche Ausschußmitglieder zu Ausschußvorsitzenden gewählt werden. Sie können in Angelegenheiten ihres Ausschusses in der Gemeindevertretung das Wort ergreifen (§ 46 Abs. 2 GO).

Beispiel:
Die Gemeindevertretung besteht aus 10 Mitgliedern der A-Fraktion und 9 Mitgliedern der B-Fraktion. Die Hauptsatzung sieht u. a. folgende ständigen Ausschüsse vor: Hauptausschuß, Finanzausschuß, Schul- und Kulturausschuß, Sozialausschuß, Bau- und Wirtschaftsausschuß.

Die Berechnung der Höchstzahlen für das Zugriffsverfahren ergibt folgendes Bild:

		A-Fraktion	B-Fraktion
Fraktionsstärke	: 1	*10*	*9*
	: 2	*5*	*4^1/$_2$*
	: 3	*3^1/$_3$*	*3*

Die erste Zugriffsmöglichkeit hat die A-Fraktion mit der Höchstzahl 10. Sie verlangt das Vorschlagsrecht für den Hauptausschuß und schlägt Schulze für das Amt vor. Die anschließende Abstimmung ergibt 10 Ja-Stimmen bei 9 Enthaltungen. Schulze ist damit gewählt.
Der Zugriff auf den nächsten Ausschußvorsitzenden steht der B-Fraktion mit der Höchstzahl 9 zu, weil die A-Fraktion die Höchstzahl 10 verbraucht hat. Sie schlägt Meier als Vorsitzenden für den Finanzausschuß vor. Dieser Wahlvorschlag findet bei 9 Ja- und 10 Nein-Stimmen nicht die erforderliche Mehrheit. Das Vorschlagsrecht verbleibt in diesem Fall der B-Fraktion. Sie schlägt nunmehr Müller zum Ausschußvorsitzenden vor. Dieser Vorschlag wird mit 19 Ja-Stimmen einstimmig angenommen. Die Höchstzahl 9 ist somit verbraucht, so daß die A-Fraktion wiederum erneut das Zugriffsrecht für die Position der/des nächsten Ausschußvorsitzenden hat.

Bei gleicher Höchstzahl haben alle Fraktionen mit der gleichen Höchstzahl das Zugriffsrecht. Sie können auch auf den gleichen Ausschuß zugreifen. Gewählt ist der Vorgeschlagene, der mehr Ja- als Nein-Stimmen erhält. Die unterlegene Fraktion kann jetzt auf einen anderen Ausschuß zugreifen, weil sie ihre Höchstzahl nicht verbraucht hat.

Beispiel:
Die Gemeindevertretung besteht aus zwei Fraktionen, die jeweils aus fünf Mitgliedern bestehen. Da beide Fraktionen über die Höchstzahl 5 verfügen, sind sie beide gleichwertig zugriffsberechtigt. Beide Fraktionen greifen auf den Vorsitz im Finanzausschuß zu. Die A-Fraktion schlägt Müller, die B-Fraktion Meier vor. Müller erhält 5 Ja- und 5 Nein-Stimmen, so daß der Wahlvorschlag zurückgewiesen ist. Für Meier stimmen 5 Gemeinde-

vertreter, 5 enthalten sich der Stimme. Damit ist Meier gewählt. Während 5die B-Fraktion ihre Höchstzahl 5 „verbraucht" hat, nimmt die A-Fraktion weiterhin mit ihrer nicht erfolgreich benutzten Höchstzahl 5 am Verfahren teil. Sie hat also den alleinigen Zugriff auf den nächsten Ausschuß.

Findet der Vorschlag einer vorschlagsberechtigten Fraktion nicht die erforderliche Mehrheit, so steht es ihr frei, die gleiche Person erneut vorzuschlagen oder einen anderen Kandidaten zu benennen. Gelingt es trotz entsprechender Versuche nicht, einen Ausschußvorsitzenden zu wählen, so wird die berechtigte Fraktion so behandelt, als ob sie ihr Vorschlagsrecht wirksam ausgeübt hätte. Ihre Höchstzahl wird also übersprungen und die Fraktion mit der nächstbesseren Höchstzahl ist nun zugriffsberechtigt. Die „übersprungene" Fraktion kann aber weiter und zwar auch in späteren Sitzungen Wahlvorschläge unterbreiten. Solange kein(e) Vorsitzende(r) gewählt ist, besteht die mißliche Situation, daß der jeweilige Ausschuß nicht zusammentreten kann. Hierdurch entsteht ein faktischer Zwang zur Einigung.

11.5 Verfahren der Ausschüsse

Für die Arbeit der Ausschüsse gelten nach § 46 Abs. 11 GO im Grundsatz alle Regelungen, die auch für die Gemeindevertretung anzuwenden sind (z. B. Ladung, Beschlußfähigkeit, Beschlußfassung). Das gilt auch für die Hauptausschüsse (§ 45a Abs. 3 GO). Die Sitzungen der Ausschüsse sind öffentlich (§ 46 Abs. 7 GO), soweit die Gemeindevertretung nichts anderes beschließt. Dieser Beschluß der Gemeindevertretung bedarf der einfachen Mehrheit nach § 39 Abs. 1 GO. Er kann sich auf einzelne Ausschüsse (z. B. Personalausschuß) oder aber auch generell auf alle Ausschüsse beziehen. Der Öffentlichkeit sollen durch die öffentliche Beratung Sachzusammenhänge in der politischen Willensbildung erkennbar gemacht werden. Die Regelung ist sehr umstritten; vielfach wird darauf hingewiesen, daß öffentliche Ausschußberatungen eine vertrauensvolle, von Kompromißbereitschaft getragene Diskussion und vor allem auch die gemeinsame Vorbereitung unpopulärer kommunalpolitischer Maßnahmen nicht mehr zulassen.

Soweit überwiegende Belange des Gemeinwohles oder berechtigte Einzelinteressen dies notwendig machen, müssen die Ausschüsse die Öffentlichkeit ausschließen. Das wäre z. B. der Fall, wenn der Hauptausschuß als Dienstvorgesetzter der/des Bürgerm. tätig wird oder wenn der Finanzausschuß über einen Antrag auf Steuererlaß berät und dabei die wirtschaftliche Situation des Antragstellers erörtert. Der Beschluß des Ausschusses bedarf der $^2/_3$-Mehrheit der anwesenden Ausschußmitglieder (§ 46 Abs. 11 i. V. m. § 35 Abs. 2 GO). Kommt diese Mehrheit nicht zustande, obwohl die Ausschließung geboten wäre, so müßte die/der Bgm. diesem Verfahren gem. § 47 GO widersprechen (vgl. auch Abschn. 10.3.8.6).

In den Ausschußsitzungen können auch Gemeindevertreter, die nicht dem jeweiligen Ausschuß angehören, das Wort ergreifen. Auch die/der Bgm. hat Wortverlangens- und auch Antragsrecht (§ 46 Abs. 6 GO).

11.6 Aufgaben der Ausschüsse

Die Aufgaben der Ausschüsse bestehen vor allem in der Vorbereitung der Entscheidungen der Gemeindevertretung. Die Gemeindevertretung wird damit durch die Ausschüsse entlastet. Die Ausschüsse sollen für die Gemeindevertretung entscheidungsreife Beschlußvorschläge erarbeiten. Insbesondere sollen die entscheidungserheblichen Umstände aufgezeigt und die finanziellen Auswirkungen dargestellt werden. Die Ausschüsse sind dabei oft auf die Beratung durch die Gemeindeverwaltung bzw. das Amt angewiesen. Wegen der Komplexität der Materie befassen sich häufig mehrere Ausschüsse mit der gleichen Thematik. Welche Ausschüsse tätig werden sollen, bestimmt in der Regel die Gemeindevertretung in ihrer ersten Grundsatzdebatte. Diese endet meist mit dem (einstimmig gefaßten) Beschluß, die jeweilige Sache durch die Ausschüsse vorbe-

Schematische Darstellung der Form der Willensbildung

Grundsatzdebatte in der Gemeindevertretung

Beschuß zur Vorbereitung
der Angelegenheit in den Ausschüssen

Mitberatender
Ausschuß
(oft Finanzausschuß)

**Federführender
Ausschuß**

Mitberatender
Ausschuß

Koordinierung
der Ausschußvoten
durch den
Hauptausschuß
(Gem. mit hauptamtl. Bürgerm.
und in Städten)

**Endgültige Beschlußfassung
Gemeindevertretung**

reiten zu lassen. Dabei wird auch der federführende Ausschuß bestimmt. Die Arbeit der Ausschüsse wird in Gemeinden mit hauptamtlicher bzw. hauptamtlichem Bürgermeister(in) und in Städten vom Hauptausschuß (§ 45 b Abs. 1 GO) koordiniert. Hält die Gemeindevertretung eine Sache ohne vorherige Ausschußberatung für entscheidungsreif, so kann sie sofort endgültig Beschluß fassen. Die Ausschüsse haben kein Selbstbefassungsrecht; sie werden nur in dem Rahmen tätig, den die Gemeindevertretung vorgibt.

Neben ihren Vorbereitungsfunktionen sollen die Ausschüsse die Verwaltung kontrollieren. Das geschieht insbesondere dadurch, daß die/der Bürgermeister(in) gebeten wird, an Ausschußsitzungen teilzunehmen (§ 46 Abs. 6 GO) und zu bestimmten Verwaltungsvorgängen zu berichten. Die Ausschüsse haben aber keinerlei Weisungsrechte gegenüber einzelnen Mitarbeiterinnen und Mitarbeitern der Gemeindeverwaltung. Die Kontrollfunktion gegenüber der Gemeindeverwaltung nimmt im übrigen in erster Linie der Hauptausschuß wahr (§ 45 b GO).

Den Ausschüssen können bestimmte Angelegenheiten zur abschließenden Entscheidung übertragen werden (§ 45 Abs. 2 GO). Die Übertragung erfolgt entweder allgemein durch die Hauptsatzung oder im Einzelfall durch Beschluß (vgl. hierzu Ziff. 10.3.9). Es handelt sich bei der Delegation von Entscheidungsbefugnissen – abgesehen vom Hauptausschuß, der sich wegen seiner zentralen Funktionen hierfür anbietet – in der Praxis um einen verhältnismäßig seltenen Fall. Wird eine einem Auschuß im Einzelfall übertragene Angelegenheit auf die Tagesordnung einer Sitzung der Gemeindevertretung gesetzt, so dürfen weitere Beschlüsse in dieser Sache nicht mehr gefaßt werden. Die allgemeine Delegation durch Hauptsatzungsregelung kann dagegen nur durch Änderung der Hauptsatzung rückgängig gemacht werden.

12. Das verwaltungsleitende Organ

12.1 Ehrenamtliche(r) Bürgermeister(in) in Gemeinden

Gemeinden mit weniger als 2000 Einw. und amtsangehörige Gemeinden werden von einer/einem ehrenamtlichen Bürgermeister(in) geleitet (vgl. Abschn. 5.1). Ehrenamtliche(r) Bürgermeister(in) ist die/der Vorsitzende der Gemeindevertretung. Beide Funktionen sind untrennbar miteinander verknüpft (§ 48 GO). Wegen der Aufgaben des Vorsitzenden vgl. Abschn. 10.3.7.

Die Wahl der/des ehrenamtlichen Bgm. erfolgt im ersten und zweiten Wahlgang mit absoluter Mehrheit (mehr als der Hälfte der gesetzlichen Mitgliederzahl). Steht nur eine Person zur Wahl und erhält diese im zweiten Wahlgang nicht die erforderliche Mehrheit, so ist die Wahl zu einem späteren Zeitpunkt zu wiederholen. Bei mehreren Personen findet ein dritter Wahlgang statt. Im dritten Wahlgang reicht die einfache Mehrheit (§ 33 Abs. 3 i. V. m. § 52 GO); vgl. im übrigen Abschn. 10.3.7.

Die/der ehrenamtliche Bgm. muß zur Ehrenbeamtin bzw. zum Ehrenbeamten ernannt werden. Die/der Bgm. wird sodann vom ältesten Mitglied der Gemeindevertretung in öffentlicher Sitzung vereidigt und in das Amt eingeführt (§ 53 GO).

Die/der ehrenamtliche Bgm. bereitet die Beschlüsse der Gemeindevertretung vor und ist für die sachliche Erledigung der Aufgaben verantwortlich (§ 50 Abs. 1 GO).

Sofern die ehrenamtlich verwaltete Gemeinde Mitarbeiter(innen) beschäftigt, ist die/der Bgm. Dienstvorgesetzte(r) (§ 50 Abs. 4 GO). Die Einstellung von Mitarbeiterinnen und Mitarbeitern ist eine der Gemeindevertretung vorbehaltene Aufgabe. **Die/der Bgm. ist ferner zuständig für die Aufgaben zur Erfüllung nach Weisung, soweit diese nach der AO nicht vom Amt wahrgenommen werden.** Diese Rege-

100

lung hat in der Praxis nur Bedeutung für die relativ geringe Anzahl der amtsfreien, ehrenamtlich verwalteten Gemeinden.

Der/dem ehrenamtlichen Bgm. obliegt gem. § 50 GO das Eilentscheidungsrecht und nach § 51 GO die gesetzliche Vertretung der Gemeinde im Rechtsverkehr. Weitere Zuständigkeiten sind: Ausfertigung von Satzungen (§ 4 Abs. 2 GO), Unterrichtung der Einwohner(innen) (§ 16 a Abs. 3 GO), Darlegung der Auffassung zu einem Bürgerentscheid (§ 16 g Abs. 6 GO), Entscheidung in übertragenen Angelegenheiten (§ 27 Abs. 1 GO), Unterrichtung der Gemeindevertretung über wichtige Verwaltungsangelegenheiten (§ 27 Abs. 2 GO), Erteilung von Auskunft und Gewährung von Akteneinsicht (§ 30 GO), Auskunftserteilung in Sitzungen der Gemeindevertretung (§ 36 Abs. 2 GO) und der Ausschüsse (§ 46 Abs. 6 GO), Widerspruchspflicht bei rechtswidrigen Beschlüssen der Gemeindevertretung (§ 43 GO) und der Ausschüsse (§ 47 GO).

Gehört eine ehrenamtlich verwaltete Gemeinde keinem Amt an, so hat die/der Bgm. für die Durchführung der Beschlüsse der Gemeindevertretung zu sorgen. Der/dem Bgm. obliegt in diesen Fällen die ehrenamtliche Verwaltungsleitung. Bei den Verwaltungsaufgaben ist die/der Bgm. in erster Linie auf das hauptamtlich angestellte Personal angewiesen.

Bei amtsangehörigen Gemeinden obliegt der/dem Amtsvorst. des jeweiligen Amtes die Durchführung der Beschlüsse der Gemeindevertretung und die Verantwortlichkeit für den Geschäftsgang der Amtsverwaltung (§ 12 Abs. 2 AO). Die oben beschriebenen Aufgaben der/des Bgm., die selbständig neben der Verwaltungsleitung stehen, bleiben unberührt.

Der ehrenamtliche Bürgermeister kann jederzeit aus dieser Funktion durch Beschluß der Gemeindevertretung ($2/3$ Mehrheit der gesetzlichen Mitgliederzahl) abberufen werden. Allerdings muß die Angelegenheit auf der Tagesordnung gestanden haben (§ 40 a GO). Vgl. hierzu im einzelnen Abschn. 10.3.8.5.

Aufgaben- und Zuständigkeitsverteilung in amtsangehörigen Gemeinden

Gemeindevertretung

Entscheidung über alle wichtigen Angelegenheiten (§ 27 GO)
Vorbehaltene Aufgaben sind vor allem:

- kraft Gesetzes zu entscheidende Angelegenheiten
- Satzungsrecht (einschl. Haushaltssatzung und B-Pläne)
- Flächennutzungsplan
- Gebietsänderung
- bedeutsame kommunalverfassungsrechtliche Fragen
- Grundsätzliche Personalangelegenheiten
- Beteiligung an Zweckverbänden u. öffentl.-rechtl. Vereinbarungen
- bedeutsame vermögensrechtliche Entscheidungen

Bürgermeister(in)

Repräsentant der Gemeindevertr.
Einladung der Gemeindevertr.
Festsetzung der Tagesordnung
Verhandlungsleitung

Vorbereitung der Beschlüsse der Gemeindevertretung
Entscheidung in den von der Gem.-Vertretung übertragenen Aufgaben
Dienstvorgesetzter
Eilentscheidungsrecht
Unterrichtung der Einwohner (§ 16 a GO)
Ausfertigung von Satzungen (§ 4 Abs. 2 GO)
Widerspruch gegen Beschlüsse (§§ 43, 47 GO)
gesetzliche Vertretung (§ 50 GO)
Vertretung der Gemeinde in Drittorganisationen

Amt

Vorbereitung der Beschlüsse der Gemeindevertretungen und der Ausschüsse gemeinsam mit den Bürgermeistern
Durchführung der Selbstverwaltungsaufgaben der Gemeinden
Aufgaben zur Erfüllung nach Weisung
Vertretung in gerichtlichen Verfahren
Kassen- und Rechnungswesen
Vorbereitung und Aufstellung der Haushalte
Koordinierung
Entscheidung über von Gemeinden übertragenen Angelegenheiten

Ausschüsse

Vorbereitung der Beschlüsse der Gemeindevertretung,
Entscheidung über übertragene Aufgaben

Ortsbeiräte

richten Anträge an die Gemeindevertretung,
Entscheidung über übertragene Angelegenheiten

102

12.2 Hauptamtliche(r) Bürgermeister(in) in Gemeinden und Städten

Gemeinden haben eine hauptamtliche Bürgermeisterin bzw. einen hauptamtlichen Bürgermeister, wenn sie keinem Amt angehören oder die Geschäfte eines Amtes führen und mehr als 2000 Einwohner(innen) haben (§ 49 Abs. 1 GO). Es müssen beide Voraussetzungen erfüllt sein. In Gemeinden zwischen 2000 und 5000 Einwohnern kann durch die Hauptsatzung bestimmt werden, daß sie von einer/einem ehrenamtlichen Bgm. geleitet werden. Das ist nur in ganz wenigen Fällen geschehen.

Die Verwaltung der Städte wird grundsätzlich von einer/einem hauptamtlichen Bürgerm. geleitet (§ 60 GO). Allerdings kann in Städten bis 5000 Einw. durch die Hauptsatzung bestimmt werden, daß die Verwaltungsleitung ehrenamtlich erfolgt. Es handelt sich hierbei nur um wenige Fälle, die ihre Begründung in der Regel darin finden, daß die Stadt amtsangehörig ist.

12.2.1 Rechtsstellung, Wahl

Die Rechtsgrundlagen für die hauptamtlichen Bürgermeister/innen finden sich vor allem in § 57–57 d GO. Die Vorschriften gelten für die Städte entsprechend (§ 61 GO). Diese Regelungen wurden im Zuge der Kommunalrechtsnovelle 1995 umfassend neu gestaltet. Insbesondere wurde die frühere Wahl der Hauptverwaltungsbeamten durch die Gemeindevertretung durch die Volkswahl ersetzt. Die Direktwahlvorschriften gelten ab 1. 4. 1998 (bei den kreisfreien Städten ab 1. 1. 1997).

Die/der hauptamtliche Bgm. ist Beamtin bzw. Beamter auf Zeit und unterliegt damit den beamten- und besoldungsrechtlichen Vorschriften für Berufsbeamte (§ 196, § 197 LBG). Allerdings gelten die Laufbahnvorschriften für kommunale Wahlbeamte nicht. Für die Einstufung der hauptamtlichen Wahlbeamten gilt die Kommunalbesoldungsverordnung vom 29. 5. 1979 (GVOBl. S. 360), die die Besoldungshöhe von der Einwohnerzahl der Gemeinde abhängig macht (z. B. Gemeinden bis 5000 Einw. Bes.-Gr. A 13, bis 10 000 Einw. Bes.-Gr. A 14). Daneben erhalten die kommunalen Wahlbeamten eine Aufwandsentschädigung.

Die Wahlzeit der/des hauptamtlichen Bgm. wird durch die Hauptsatzung bestimmt. Sie beträgt mindestens 6 und höchstens 8 Jahre (§ 57 Abs. 4 GO). Die Wahlzeit ist damit nicht identisch mit der der Gemeindevertretungen. Das stärkt die Unabhängigkeit der Position der bzw. des hauptamtlich tätigen Verwaltungschefs/in.

Die/der Bürgermeister(in) ist Wahlbeamter(in). Vor der Wahl ist die Stelle für die/den hauptamtliche(n) Bürgermeister(in) öffentlich auszuschreiben (§ 57 a Abs. 2 GO). Das geschieht in der Regel im Amtsblatt für Schleswig-Holstein und in Tageszeitungen. Durch die Stellenausschreibung soll dem Prinzip der Bestenauslese und dem verfassungsrechtlichen Gebot des freien Zuganges zu allen öffentlichen Ämtern Rechnung getragen werden. Da die Fraktionen der Gemeindevertretung Vorschläge für die Wahl unterbreiten können, ist das Ergebnis der Stellenausschreibung der Gemeindevertretung in vollem Umfang zur Kenntnis zu bringen. Das Erfordernis der Stellenausschreibung gilt auch, wenn erkennbar ist, daß die/der im Amt befindliche Bürgermeister/in zur Wiederwahl vorgeschlagen wird. Eine Ausnahme gibt es nicht. Eine ohne Stellenausschreibung vorgenommene Wahl wäre rechtswidrig. Andererseits können jedoch Bewerber gewählt werden, die sich nicht auf die Ausschreibung beworben hatten (OVG Lüneburg, Die Gemeinde 1985, 150).

Wählbarkeitsvoraussetzung ist, daß die jeweilige Person die Wählbarkeit zum Deutschen Bundestag besitzt oder Bürger eines EU-Staates ist und am Wahltag das 27. Lebensjahr vollendet hat. Das Höchstalter beläuft sich im Falle der ersten Wahl auf 60 Jahre. Ferner müssen Bewerber/innen über die für das Amt erforderliche Eignung, Befähigung und Sachkunde verfügen (§ 57 Abs. 3 GO). Zur Eignung zählen beispielsweise die charakterliche Eignung, Durchsetzungsvermögen, Kontaktfähigkeit, ein sicheres Auftreten sowie die Fähigkeit zur freien Rede und Führungseigenschaften. Mit dem Begriff Befähigung stellt das Gesetz auf die beamtenrechtlichen Voraussetzungen ab. Nach § 9 LBG setzt eine Berufung in das Beamtenverhältnis voraus, daß die betreffende Person die Gewähr dafür bietet, jederzeit für die freiheitlich demokratische Grundordnung einzutreten. Dagegen ist es nicht erforderlich, daß die/der Bewerber(in) über eine bestimmte Vorbildung verfügt oder eine Prüfung abgelegt hat. Die/der Bgm. ist weder Laufbahnbeamter noch anderer Bewerber im Sinne des Beamtenrechts. Die Sachkunde erfordert hinreichende Gesetzeskenntnis und andere Fachkenntnisse. Dabei kommt es wesentlich darauf an, ob der/dem Bgm. ein qualifizierter Verwaltungsapparat zur Verfügung steht. Auf jeden Fall müssen die Grundlagen für das Tätigwerden der Gemeinden sicher beherrscht werden (z. B. Kommunalverfassung, Personalwesen, Haushaltsangelegenheiten, Bau- und Bodenrecht, Sozialrecht, Ordnungsangelegenheiten, Schulwesen usw.).

Nach früher geltendem Recht erfolgte die Wahl der Hauptverwaltungsbeamten/innen immer durch die Gemeindevertretung. Zur Wahl waren im ersten bzw. zweiten Wahlgang die absolute Mehrheit erforderlich. Wurde diese nicht erreicht, erfolgte eine Stichwahl zwischen zwei Kandidaten/innen, in der gewählt war, wer die meisten Stimmen erhielt. Dieses Verfahren ist durch die Gesetzesnovelle 1995 abgeschafft worden. **Ab 1. 4. 1998 (in kreisfreien Städten ab 1. 1. 1997) werden hauptamtliche Bürgermeister/innen unmittelbar vom Volk gewählt. Bis zum Inkrafttreten der Direktwahlvorschriften gilt eine Übergangsregelung. Diese sieht vor, daß bis zum 1. 7. 1997 (in kreisfreien Städten bis zum 1. 7. 1996) die Wahl durch die Gemeindevertretung nach früherem Recht, allerdings für maximal 6 Jahre, bei Wiederwahl maximal für die Dauer der ersten Wahlzeit, erfolgt.** Ab dem 1. 7. 1997 (in kreisfreien Städten ab dem 1. 7. 1996) gilt für die Gemeindevertretungen ein Wahlverbot. Es ist jedoch möglich, die Wahlzeit von im Amt befindlichen Hauptverwaltungsbeamten bis zum Inkrafttreten der Direktwahlvorschriften zu verlängern.

Die Direktwahl erfolgt durch die Bürgerinnen und Bürger in allgemeiner, freier, unmittelbarer, gleicher und geheimer Wahl nach den Grundsätzen der Mehrheitswahl (§§ 57 Abs. 1, 61 Abs. 1 GO). Das Nähere des Wahlverfahrens ist durch das GKWG ausgestaltet. Wahlvorschläge können von jeder Fraktion der Gemeindevertretung (vgl. § 32a GO) eingereicht werden, wobei allerdings jede Fraktion auf einen Fraktionsvorschlag beschränkt ist. Zulässig sind auch gemeinsame Fraktionsvorschläge. Voraussetzung für Fraktionsvorschläge ist, daß die Vorgeschlagenen schriftlich zustimmen (§ 45f GKWG). 351 Wahlvorschläge können auch von den Bewerberinnen und Bewerbern selbst gemacht werden. Ihre Vorschläge müssen von einer Mindestzahl von Wahlberechtigten unterstützt werden; die Mindestzahl entspricht dem Fünffachen der Gesamtzahl der Gemeindevertreter/innen (vgl. § 8 GKWG).

Die Wahlvorschläge bedürfen der formalen Zulassung durch den Wahlausschuß, der spätestens am 30. Tag vor der Wahl zu entscheiden hat. Wahlvorschläge können nach § 25 GKWG nur zurückgewiesen werden, wenn sie den gesetzlichen Anforderungen nicht entsprechen. Wird kein Wahlvorschlag zugelassen, so erfolgt die Wahl durch die Gemeindevertretung im Meiststimmenverfahren (§ 57 Abs. 2 i. V. m. § 40 Abs. 3 GO). Werden ein oder mehrere Wahlvorschläge zugelassen, so erfolgt die unmittelbare Wahl durch die Bürgerinnen und Bürger. Hierzu legt der Wahlausschuß einen Sonntag als Wahltag fest (§ 45c GKWG). Ferner bestimmt er die Wahlbezirke. Der Wahl der Kandidaten/innen dürfte in aller Regel ein Wahlkampf vorausgehen. Ihnen ist die Gelegenheit zu geben, sich in mindestens einer öffentlichen Versammlung vorzustellen. Hierzu hat die Gemeinde die erforderlichen Räumlichkeiten bereitzustellen (§ 57a Abs. 2 GO). Damit soll dem Prinzip der Chancengleichheit Rechnung getragen werden. Es bietet sich an, die Vorstellung in Einwohnerversammlungen (vgl. hierzu § 16b GO), die auch auf Teile des Gemeindegebietes beschränkt werden können, durchzuführen. Wahlberechtigt sind alle Bürgerinnen und Bürger (vgl. hierzu § 6 Abs. 2 GO). Jede Wählerin bzw. jeder Wähler hat eine

106

Stimme. Die Abstimmung erfolgt mit Stimmzetteln, in denen die Bewerberinnen und Bewerber in alphabetischer Reihenfolge aufgeführt werden. **Gewählt ist, wer mehr als die Hälfte der gültigen Stimmen erhalten hat. Ein mit einer Mindeststimmenzahl ausgestattetes Quorum gibt es nicht.** Stand nur eine Bewerberin bzw. ein Bewerber zur Wahl und wird die erforderliche Mehrheit nicht erreicht, so erfolgt die Wahl durch die Gemeindevertretung im Meiststimmenverfahren (vgl. § 57 Abs. 2 i. V. m. § 40 Abs. 3 GO). Sind mehrere Bewerber/innen vorhanden, und erhält von diesen keine/r mehr als die Hälfte der gültigen Stimmen, so findet binnen 21 Tagen eine Stichwahl statt. An der Stichwahl nehmen die Bewerber/innen teil, die im ersten Wahlgang die höchsten Stimmen hatten. In der Stichwahl ist gewählt, wer die meisten gültigen Stimmen erhält. Bei Stimmengleichheit entscheidet das vom Wahlleiter zu ziehende Los (§ 45 b GKWG). 47

Im Anschluß an die Wahl ist die gewählte Person zur Beamtin bzw. zum Beamten auf Zeit zu ernennen (§ 57 c GO). Die Ernennungsurkunde muß die Worte „unter Berufung in das Beamtenverhältnis auf Zeit für … Jahre" enthalten. Bei unmittelbarer Wahl durch die Bürgerinnen und Bürger hat die Kommunalaufsichtsbehörde über die Gültigkeit der Wahl zu entscheiden (§ 45 i GKWG). Kommunalaufsichtsbehörde ist für Gemeinden und Städte bis 20 000 Einwohnern die Landrätin bzw. der Landrat, für Städte ab 20 000 Einwohnern der Innenminister (§ 121 GO). Wird die Wahl für ungültig erklärt, so ist die beamtenrechtliche Ernennung zurückzunehmen (§ 15 LBG). Ist die Wahl durch die Gemeindevertretung erfolgt, so wirkt die Kommunalaufsichtsbehörde nicht mit; sie kann aber Verfahrensmängel mit ihren allgemeinen aufsichtsbehördlichen Mitteln, insbesondere dem Beanstandungsrecht (§ 123 GO), rügen.

Nach der Wahl ist die Gemeinde an das Ergebnis der Wahlentscheidung gebunden. Das ergibt sich bei unmittelbarer Wahl aus der analogen Anwendung von § 197 Abs. 2 LBG. Gleichzeitig erwirbt die/ der Gewählte einen Rechtsanspruch auf Ernennung.

Hauptamtliche Bürgermeister/Landräte

Wahlvorschläge
§ 45f GKWG

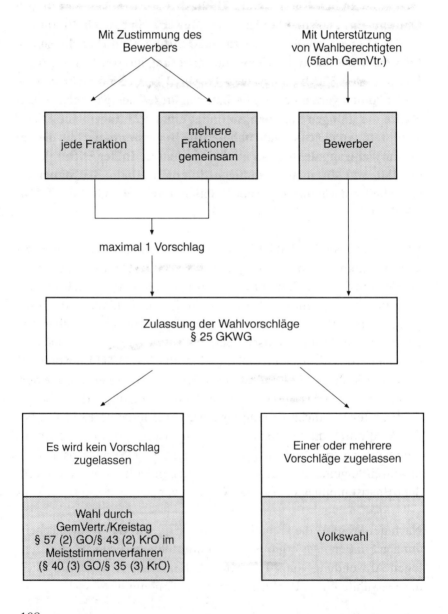

Mit Zustimmung des Bewerbers

Mit Unterstützung von Wahlberechtigten (5fach GemVtr.)

jede Fraktion

mehrere Fraktionen gemeinsam

Bewerber

maximal 1 Vorschlag

Zulassung der Wahlvorschläge
§ 25 GKWG

Es wird kein Vorschlag zugelassen

Einer oder mehrere Vorschläge zugelassen

Wahl durch GemVertr./Kreistag
§ 57 (2) GO/§ 43 (2) KrO im Meiststimmenverfahren
(§ 40 (3) GO/§ 35 (3) KrO)

Volkswahl

Hauptamtliche Bürgermeister/Landräte
Verfahren bei Volkswahl

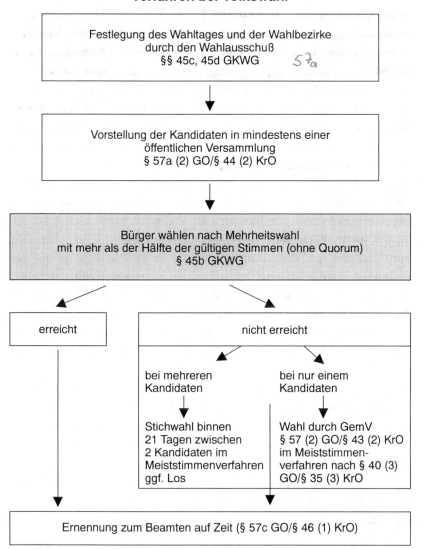

Festlegung des Wahltages und der Wahlbezirke
durch den Wahlausschuß
§§ 45c, 45d GKWG

Vorstellung der Kandidaten in mindestens einer
öffentlichen Versammlung
§ 57a (2) GO/§ 44 (2) KrO

Bürger wählen nach Mehrheitswahl
mit mehr als der Hälfte der gültigen Stimmen (ohne Quorum)
§ 45b GKWG

erreicht

nicht erreicht

bei mehreren
Kandidaten

bei nur einem
Kandidaten

Stichwahl binnen
21 Tagen zwischen
2 Kandidaten im
Meiststimmenverfahren
ggf. Los

Wahl durch GemV
§ 57 (2) GO/§ 43 (2) KrO
im Meiststimmen-
verfahren nach § 40 (3)
GO/§ 35 (3) KrO

Ernennung zum Beamten auf Zeit (§ 57c GO/§ 46 (1) KrO)

Entscheidung der KAB über die Gültigkeit der Wahl §§ 45i, 39 GKWG

12.2.2 Wiederwahl

Nach Ablauf der ersten Amtszeit ist die Bürgermeisterin bzw. der Bürgermeister verpflichtet, die Zustimmung zur Aufnahme in einen Wahlvorschlag zu erteilen, wenn dieser von mindestens ⅓ der gesetzlichen Zahl der Gemeindevertreter/innen unterstützt wird. Das gilt unabhängig davon, ob die erstmalige Wahl unmittelbar durch die Bürger/innen oder durch die Gemeindevertretung erfolgte (§ 57 c Abs. 2 GO). Wird die Zustimmung verweigert, so ist die Bürgermeisterin bzw. der Bürgermeister nach Ablauf der ersten Amtszeit zu entlassen (§ 40 Abs. 1 Ziff. 2 LBG). Verläuft die Wiederwahl erfolgreich, so ist die/der bisherige Amtsinhaber/in verpflichtet, das Amt weiterzuführen, es sei denn, daß sich die Besoldung bzw. Aufwandsentschädigung verringert hat oder die Wiederwahlzeit kürzer ist, als bei der erstmaligen Wahl (BVerwG, Die Gemeinde 1986, 173). Die Verpflichtung zur Weiterführung des Amtes bezieht sich nur auf die erstmalige Wiederwahl, so daß spätere Wiederwahlen ohne Begründung und ohne negative Rechtsfolgen abgelehnt werden können. Wird die Annahme der ersten Wiederwahl dagegen abgelehnt, ohne daß ein entsprechender Grund vorhanden ist, so erfolgt die Entlassung der/des Amtsinhabers/in nach § 40 Abs. 1 Ziff. 2 LBG ohne Ruhegehaltsanspruch. Allerdings ist die Gemeinde zur Nachversicherung in der Rentenversicherung verpflichtet. Auch im Falle der Wiederwahl ist die Stelle auszuschreiben (§ 57 a GO). Wird die Bürgermeisterin bzw. der Bürgermeister nicht in einen Wahlvorschlag von Gemeindevertreter/innen aufgenommen, so hat sie/er die Möglichkeit, sich selbst vorzuschlagen (§ 45 f GKWG). Der Vorschlag muß von Bürgern mit unterzeichnet werden, wobei mindestens das Fünffache der Gesamtzahl der Gemeindevertreter/innen erforderlich ist (vgl. hierzu Ziff. 12.2.1).

Läuft die Wahlzeit aus, ohne daß eine Wiederwahl erfolgt, so tritt die /der Bürgermeister/in in den Ruhestand (§ 53 Abs. 1 LBG).

Für die nach früherem Recht gewählten Bgm. gilt nach der Übergangsregelung in Art. 11 des Gesetzes vom 22. 12. 1995 (GVOBl.

1996 S. 33) die Verpflichtung zur Erteilung der Zustimmung in einen Wahlvorschlag nur, wenn die Gemeindevertretung dies mit absoluter Mehrheit beschließt.

12.2.3 Abwahl

Die/der hauptamtliche Bürgermeister/in kann während der Wahlzeit jederzeit von den Wahlberechtigten abgewählt werden (§ 57 d GO). Einer Begründung für die Abberufung bedarf es nicht. Der Gesetzgeber geht davon aus, daß bereits fehlendes politisches Vertrauen als Begründung ausreicht (OVG Lüneburg, Die Gemeinde 1989, 380).

Die Durchführung der Abwahl eines durch die Bürger/innen gewählten Bürgermeisters(in) erfolgt abweichend von § 40 a GO, der die Abberufungstatbestände durch die Gemeindevertretung normiert. Ausgangspunkt für die Abwahl ist entweder ein Beschluß der Gemeindevertretung, der mit einer Mehrheit von mindestens ²/₃ der gesetzlichen Zahl gefaßt werden muß oder ein Antrag der Wahlberechtigten, der von mindestens 25% der Wahlberechtigten unterzeichnet sein muß. Mit diesen Erschwernissen sollen leichtfertige Abberufungen verhindert werden. Die Abwahl selbst erfolgt durch die Bürgerinnen und Bürger im Wege eines Bürgerentscheides. Maßgeblich für die Abberufungsentscheidung ist die Mehrheit der gültigen Stimmen, die allerdings – abweichend von den Regelungen in § 16 g Abs. 7 GO – mindestens ¹/₃ der Bürgerinnen und Bürger betragen muß. Findet sich diese Mehrheit, so scheidet die/der Amtsinhaber/in mit Ablauf des Tages, an dem die Abwahl festgestellt wird, aus seinem Amt aus und tritt in den Ruhestand (§ 57 d Abs. 3 GO). Wird die Mehrheit dagegen nicht erreicht, so verbleibt die Bürgermeisterin bzw. der Bürgermeister im Amt; die Gemeindevertretung hat in diesem Fall kein Selbstauflösungsrecht.

Ist die/der hauptamtliche Bürgermeister/in gemäß § 57 Abs. 2 GO von der Gemeindevertretung gewählt worden, so gilt für die Abwahl als das spezielle Recht § 40 a GO. Voraussetzung für die Abberufung

Hauptamtliche Bürgermeister/Landräte
Abberufung (§ 57d GO, § 47 KrO)

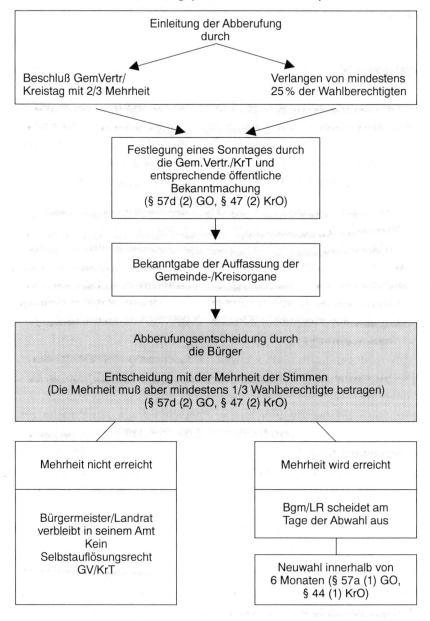

Einleitung der Abberufung
durch

Beschluß GemVertr/
Kreistag mit 2/3 Mehrheit

Verlangen von mindestens
25 % der Wahlberechtigten

Festlegung eines Sonntages durch
die Gem.Vertr./KrT und
entsprechende öffentliche
Bekanntmachung
(§ 57d (2) GO, § 47 (2) KrO)

Bekanntgabe der Auffassung der
Gemeinde-/Kreisorgane

Abberufungsentscheidung durch
die Bürger

Entscheidung mit der Mehrheit der Stimmen
(Die Mehrheit muß aber mindestens 1/3 Wahlberechtigte betragen)
(§ 57d (2) GO, § 47 (2) KrO)

Mehrheit nicht erreicht

Bürgermeister/Landrat
verbleibt in seinem Amt
Kein
Selbstauflösungsrecht
GV/KrT

Mehrheit wird erreicht

Bgm/LR scheidet am
Tage der Abwahl aus

Neuwahl innerhalb von
6 Monaten (§ 57a (1) GO,
§ 44 (1) KrO)

durch die Gemeindevertretung ist, daß der Antrag auf der Tagesordnung gestanden hat. Der Beschluß bedarf der Mehrheit der anwesenden Mitglieder der Gemeindevertretung.

Für die am Tage des Inkrafttretens der Direktwahlvorschriften (1. 4. 1998, bei kreisfreien Städten 1. 1. 1987) im Amt befindlichen hauptamtlichen Bürgermeister/innen gilt bis zum Ablauf ihrer Wahlzeit das bisherige Abberufungsverfahren (Art. 11 Nr. 1 des Änderungsgesetzes vom 22. 12. 1995, GVOBl. 1996, S. 33). Das bedeutet, daß für ihre Abberufung eine zweimalige Beschlußfassung der Gemeindevertretung mit $2/3$ der gesetzlichen Mitgliederzahl erforderlich ist. Zwischen beiden Beschlußfassungen muß eine mindestens vierwöchige Frist liegen. Am Tage der zweiten Abberufung treten die Abgewählten in den einstweiligen Ruhestand. Dieser endet mit Ablauf der eigentlichen Wahlzeit (§ 66 Abs. 6 Beamtenversorgungsgesetz) oder bei einer erneuten Ernennung zur Beamtin bzw. zum Beamten (§ 52 LBG).

Die Abberufung sowohl durch die Wahlberechtigten als auch durch die Gemeindevertretung ist ein Verwaltungsakt, der von der/dem Abberufenen durch Widerspruch und Klage angefochten werden kann (vgl. auch § 126 Beamtenrechtsrahmengesetz).

12.2.4 Stellvertretung der Bürgermeisterin bzw. des Bürgermeisters

In Gemeinden wählt die Gemeindevertretung aus ihrer Mitte für die Dauer der Wahlzeit bis zu drei Stellvertreter/innen. Die Wahl erfolgt im Meiststimmenverfahren (§ 57e GO). Wegen der Stellvertretung in Städten vgl. Ziff. 12.3.3.

12.2.5 Aufgaben

Die Aufgaben der/des hauptamtlichen Bgm. sind im wesentlichen für Gemeinden in § 55 und für Städte in § 65 GO zusammengefaßt.

Es gibt aber weitere Zuständigkeiten, die an anderer Stelle der GO begründet werden.

a) **Die/der Bgm. ist Leiter(in) der Verwaltung und handelt damit für die Gemeinde mit rechtsverbindlicher Wirkung nach außen.** Das gilt auch für Städte, in denen bis zum Inkrafttreten der Kommunalrechtsnovelle 1995 der Magistrat verwaltungsleitendes Organ war. Als Verwaltungsleiter(in) ist sie/er gegenüber sämtlichen Mitarbeiter(innen) weisungsbefugt; sie/er legt die Regeln fest nach denen die Gemeindeverwaltung arbeitet. Dazu gehört das Aufstellen des Aufgabengliederungsplans, des Verwaltungsgliederungsplans und des Organisationsplans. **Als oberste Dienstbehörde bzw. als Dienstvorgesetzter trifft sie/er alle dienstrechtlichen Entscheidungen für das Personal (Einstellung, Beförderung, Entlassung).** Die Gemeindevertretung hat insoweit keinerlei Befugnisse. Nur wenn die Hauptsatzung dies ausdrücklich vorsieht, können Personalentscheidungen für leitende Mitarbeiter/innen, die der/dem Bürgermeister/in direkt unterstellt sind, von der Gemeindevertretung oder vom Hauptausschuß getroffen werden. Die Vorschläge hierfür können jedoch nur von der/vom Bürgermeister(in) gemacht werden.

Für die Verwaltungsleitung können durch die Gemeindevertretung Grundsätze und Ziele aufgestellt werden. Die Gemeindevertretung kann nur die/den Bgm. für das Handeln der Verwaltungsleitung zur Rechenschaft ziehen, nicht also einzelne Mitarbeiter(innen) der Gemeindeverwaltung.

Der/die Bürgermeister/in ist allein verantwortlich für die Geschäfte der laufenden Verwaltung. Die Gemeindevertretung hat auf diesen Bereich keine Einwirkungsmöglichkeiten. Geschäfte der laufenden Verwaltung sind alle Entscheidungen, die als nicht wichtig einzustufen sind, vor allem also Routineangelegenheiten und Probleme, für die es Entscheidungsvorgaben der Gemeindevertretung (z. B. Richtlinien) gibt.

b) **Die/der Bgm. hat im Zusammenwirken mit den Ausschüssen, ins-**

114

besondere mit dem Hauptausschuß, die Beschlüsse der Gemeindevertretung vorzubereiten und diese später auszuführen. Nur wenn es sich um einen Beschluß über die Amtsführung der/des Bgm. oder die Geltendmachung von Ansprüchen gegen sie oder ihn handelt, hat ausnahmsweise die/der Vorsitzende der Gemeindevertretung den Beschluß auszuführen (§ 29 Abs. 1 GO).

c) **Die/der Bgm. hat die Entscheidungen zu treffen, die ihr/ihm von der Gemeindevertretung übertragen worden sind (§ 27 Abs. 1, § 55 Abs. 1 GO).**

d) Die sachliche Erledigung der Aufgaben fällt in die alleinige Verantwortlichkeit der/des Bgm. Die Gemeindevertretung oder außenstehende Dritte können deshalb auch nur die/den Bgm. und nicht etwa Mitarbeiter zur Rechenschaft ziehen.

e) Die/der Bgm. ist für den Geschäftsgang der Verwaltung verantwortlich. Sie/er hat damit die Aufgabe, den Verwaltungsablauf zu organisieren. Dazu gehört neben der Geschäftsverteilung die Entscheidung über den Einsatz sächlicher Verwaltungsmittel und die Unterbringung der Verwaltung. Ferner erläßt sie/er sämtliche Regeln, nach denen die Verwaltung arbeiten soll.

f) **Die/der Bgm. ist sowohl oberste Dienstbehörde als auch Dienstvorgesetzte(r) (vgl. § 4 LBG) der Beamten(innen), Angestellten und Arbeiter(innen).** Damit ist sie/er in der Lage, alle die das Dienstverhältnis betreffenden Entscheidungen zu treffen. Die Zuständigkeiten der obersten Dienstbehörde bzw. der/des Dienstvorgesetzten ergeben sich aus dem LBG (z. B. Zustimmung zur Annahme von Belohnungen, Gewährung von Dienstbefreiung, Genehmigung von Urlaub). Nur bei leitenden Mitarbeitern kann durch die Hauptsatzung festgelegt werden, daß bestimmte Personalentscheidungen von der Gemeindevertretung oder dem Hauptausschuß auf Vorschlag der/des Bürgerm. getroffen werden (vgl. oben Erl. a)).

g) **In besonders dringlichen Fällen ist die/der Bgm. in der Lage, anstelle der Gemeindevertretung eine Entscheidung zu treffen (Eilentscheidungsrecht).** Das gilt auch für solche Angelegenheiten, die zu den vorbehaltenen Aufgaben der Gemeindevertretung nach § 28 GO gehören. Ein dringender Fall liegt nur dann vor, wenn es nicht mehr möglich ist, die Gemeindevertretung unter Beachtung der kürztmöglichsten Ladungsfrist ordnungsgemäß einzuberufen; dies kann die/der Bgm. nach § 34 Abs. 1 GO verlangen.

Das Eilentscheidungsrecht will sicherstellen, daß die Gemeinde auch in extremen Situationen in vollem Umfang handlungsfähig ist. Die Eilentscheidung muß der Gemeindevertretung unverzüglich mitgeteilt werden. Die/der Bgm. hat dies ohne schuldhaftes Zögern in die Wege zu leiten; ggfs. hat sie/er das Verlangen zur Einberufung der Gemeindevertretung nach § 34 Abs. 1 GO zu stellen. Die Gemeindevertretung kann die Eilentscheidung aufheben, wenn nicht bereits Rechte Dritter entstanden sind. Bei schuldhaftem Handeln der/des Bgm. kommt eine Amtshaftung nach § 94 LBG in Betracht. Um dem zu entgehen, wird die/der Bgm. in der Regel Kontakt zu den Fraktionsvorsitzenden suchen, bevor sie/er eine Eilentscheidung trifft.

Das Eilentscheidungsrecht bezieht sich gleichermaßen auf Ausschüsse.

h) **Für die Erledigung der Aufgaben zur Erfüllung nach Weisung (vgl. Abschn. 4.3) ist die/der Bgm. allein verantwortlich.** Die Gemeindevertretung kann insoweit keinerlei Weisungen erteilen. Allerdings kann sich die der Bürgerm. von den Ausschüssen der Gemeindevertretung beraten lassen, soweit sie/er bei der Durchführung der Aufgaben zur Erfüllung nach Weisung nach Ermessen handeln kann (§ 55 Abs. 3, § 65 Abs. 5 GO). Die Gemeindevertretung hat im Rahmen der Haushaltsentscheidung die notwendigen persönlichen und sachlichen Mittel für die Weisungsaufgaben bereitzustellen.

i) **Die/der Bgm. ist gesetzliche(r) Vertreter(in) der Gemeinde und handelt für sie nach außen (§ 56 Abs. 1 GO). Das gilt sowohl für das öffentlich-rechtliche Handeln als Behörde (§ 11 LVwG) durch Erlaß von Verwaltungsakten und den Abschluß öffentlich-rechtlicher Verträge, wie für privatrechtliches Handeln durch Vornahme von Rechtsgeschäften.** Soweit Erklärungen für die Gemeinde abgegeben werden sollen, die diese verpflichten, bedürfen sie der Schriftform. Sie müssen ferner von der bzw. vom Bgm. unterzeichnet sein sowie mit dem Dienstsiegel versehen werden (§ 56 Abs. 2 GO). Bis zur Kommunalrechtsnovelle 1995 mußte die Unterzeichnung auch noch durch eine/n Stellvertreter/in erfolgen. Verpflichtende Erklärungen sind alle Rechtsgeschäfte, durch die die Gemeinde in irgendeiner Form belastet werden kann (z. B. Kaufverträge, Mietverträge, Darlehensverträge, öffentlich-rechtliche Verträge, Beamtenernennungen). Die Formvorschriften für solche Erklärungen dienen der Rechtssicherheit und dem Schutz der Gemeinden. Die Nichtbeachtung begründet die Nichtigkeit eines privatrechtlichen Rechtsgeschäftes nach § 125 BGB. Für öffentlich-rechtliche Verträge gilt das Gleiche (§ 113 LVwG). Durch die Hauptsatzung kann festgelegt werden, für welche Geschäfte die Formvorschriften für Verpflichtungserklärungen nicht gelten. In der Regel werden hier Wertgrenzen für weniger bedeutende Rechtsgeschäfte festgelegt.

j) **Die/der Bgm. vertritt die Gemeinde gemeinsam mit der/dem Vorsitzenden der Gemeindevertretung bei öffentlichen Anlässen. Sie** stimmen ihr Auftreten miteinander ab (§ 1 DVO-GO).

k) **Soweit nicht die/der Vorsitzende der Gemeindevertretung bzw. die Ausschußvorsitzenden von ihrem Recht zur Unterrichtung der Bevölkerung über Beschlüsse Gebrauch machen, ist die/der Bgm. für die Unterrichtung der Einw. über allgemein bedeutsame Angelegenheiten der Gemeinde und die Förderung des Interesses an der kommunalen Selbstverwaltung zuständig (§ 16 a GO).** Sie/er hat ferner die Einw. über alle wichtigen Planungen und Vorhaben der Gemeinde möglichst frühzeitig zu unterrichten. Das geschieht in der Praxis durch Unterrichtung der Presse, die Herausgabe gemeindeeigener Informationsblätter oder durch öffentliche Versammlungen (vgl. Abschn. 8.1.2).

Unterbleibt eine Unterrichtung der Bevölkerung versehentlich, so ist die jeweilige Sachentscheidung dadurch nicht rechtswidrig. Die/der Bürgerm. ist auch für die Beteiligung von Kindern und Jugendlichen (vgl. § 47 f GO) verantwortlich, wenn diese nicht un-

Aufgaben- und Zuständigkeitsverteilung in hauptamtlich verwalteten Gemeinden und Städten

Gemeindevertretung

Entscheidung über alle wichtigen Angelegenheiten (§ 27 GO)

Vorbehaltene Aufgaben sind vor allem:
- Festlegung von Zielen und Grundsätzen für die Verwaltung
- Entscheidung in allen wichtigen Angelegenheiten kraft Gesetzes zu entscheidende Angelegenheiten
- Satzungsrecht (einschl. Haushaltssatzung und B-Pläne)
- Flächennutzungspläne
- Gebietsänderung
- bedeutsame kommunalverfassungsrechtliche Fragen
- Grundsätzliche Personalangelegenheiten
- Beteiligung an Zweckverbänden u. öffentl.-rechtl. Vereinbarungen
- bedeutsame vermögensrechtliche Entscheidungen
- Kontrolle der Verwaltung

Ortsbeiräte
- richten Anträge an die Gemeindevertretung
- Entscheidung über übertragene Angelegenheiten

Ausschüsse
- Vorbereitung der Beschlüsse der Gemeindevertretung
- Entscheidung über übertragene Aufgaben
- Beratung der/des Bgm. bei Weisungsaufgaben

Vorsitzende(r) der Gemeindevertretung
- Repräsentant der Gemeindevertretung
- Einladung der Gemeindevertretung und Festsetzung der Tagesordnung
- Verhandlungsleitung
- Unterrichtung der Einw. über Beschlüsse

Hauptausschuß
- Koordinierung der Ausschußarbeit
- Vorbereitung der Ziele und Grundsätze der/des GV/KrT
- Entwicklung des Berichtswesens
- Kontrolle der Verwaltung
- Dienstvorgesetzter Bürgermeister

Bürgermeister(in)
- Leitung der Verwaltung
- Wahrnehmung der Geschäfte der lfd. Verwaltung
- Vorbereitung der Beschlüsse der Gemeindevertretung
- Entscheidung in den von der Gem. Vertretung übertragenen Aufgaben
- Durchführung der Beschlüsse der Gemeindevertretung
- oberste Dienstbehörde und Dienstvorgesetzter
- Entscheidung in Personalangelegenheiten
- Aufgaben zur Erfüllung nach Weisung
- Eilentscheidungsrecht
- Unterrichtung der Einwohner (§ 16a GO)
- Ausfertigung von Satzungen (§ 4 Abs. 2 GO)
- Widerspruch gegen Beschlüsse (§ 43, 47 GO)
- Mitgestaltung der TO (§ 34 (4) GO)
- (Mit-)Repräsentant der Gemeinde
- gesetzliche Vertretung (§§ 56, 64 GO)
- Vertretung der Gemeinde in Drittorganisationen (§§ 25, 55 Abs. 4 GO)

mittelbar durch die Gemeindevertretung oder Ausschüsse erfolgt.

l) **Soweit Beschlüsse der Gemeindevertretung oder der Ausschüsse geltendes Recht verletzen, muß die/der Bgm. ihnen widersprechen (§§ 43, 47 GO) und sie ggfs. beanstanden (vgl. hierzu Abschn. 15).**

m) Die/der Bgm. ist zuständig für die Erteilung von Auskunft und die Gewährung von Akteneinsicht an Gemeindevertreter(innen) (§ 30 GO).

n) Die Tagesordnung für die Gemeindevertretung wird von der bzw. vom Bgm. mitgestaltet. Sie/er kann ferner die Einberufung der Gemeindevertretung verlangen (§ 34 GO).

o) **Die/der Bgm. nimmt an den Sitzungen der Gemeindevertretung mit beratender Stimme teil (§ 36 GO). Sie/er hat den Mitgliedern der Gemeindevertretung Auskunft zu erteilen und hat in der Gemeindevertretung Wortverlangens- und auch Antragsrecht. Gleiches gilt für die Ausschußsitzungen (§ 46 Abs. 6 GO).**

p) **Die/der Bgm. ist nicht stimmberechtigtes Mitglied im Hauptausschuß (§ 45 a Abs. 2 GO).**

q) Die/der Bgm. vertritt die Gemeinde nach §§ 25 i. V. m. 55 Abs. 4 GO in Drittorganisationen (z. B. Wohnungsbaugesellschaften, Energieversorgungsunternehmen, Verkehrsbetriebe, Vereine usw.), soweit die Gemeindevertretung dies beschließt (§ 28 Nr. 20 GO).

r) Die/der Bgm. beruft nach näherer Regelung der Hauptsatzung zu Einwohnerversammlungen ein (§ 16 b GO).

Wegen der Besonderheiten in Städten vgl. unten Abschn. 12.3.

12.3 Besonderheiten in Städten

12.3.1 Bürgermeister/in in Städten

Die/der Bürgermeister/in in Städten ist in der Regel hauptamtlich tätig (§ 60 GO). In Städten bis zu 5000 Einw. kann jedoch durch die

Hauptsatzung bestimmt werden, daß die Verwaltung von einer/einem ehrenamtlichen Bürgermeister/in geleitet wird. In der Praxis sind dies nur relativ seltene Fälle. Für die/den ehrenamtliche/n Bürgerm. gelten die Vorschriften für ehrenamtlich verwaltete Gemeinden entsprechend (§ 60 Abs. 2 GO). Das bedeutet, daß die Positionen von Vorsitz und Bürgermeister/in gekoppelt sind. Zur Wahl der/des ehrenamtlichen Bürgerm. vgl. Abschnitt 10.3.7.

Die weitaus überwiegende Anzahl der Städte wird hauptamtlich verwaltet. Für sie gelten im Prinzip die Vorschriften für hauptamtlich verwaltete Gemeinden entsprechend. Eine Besonderheit ergibt sich in Städten über 20 000 Einw., in denen Stadträte gewählt werden dürfen. Die bis zur Kommunalrechtsnovelle 1995 in Schleswig-Holstein geltende Magistratsverfassung wurde mit Wirkung vom 1. 4. 1998 (in kreisfreien Städten mit Wirkung vom 1. 1. 1997) aufgegeben. Die Magistratsverfassung sah vor, daß der Magistrat als Kollegialorgan der Stadt die Verwaltung leitete. Er setzte sich aus der/dem Bürgermeister/in, die bzw. der kraft Gesetzes den Vorsitz führte und Stadträtinnen bzw. Stadträten zusammen, die alle über ein gleichwertiges Stimmrecht verfügten. Seinen Willen bildete der Magistrat durch Mehrheitsbeschlüsse, die auch für die/den Bürgerm. bindend waren. Hauptamtliche Stadträte durften nur in Städten über 20 000 Einw. bestellt werden.

12.3.2 Rechtstellung und Wahl von Stadträtinnen und Stadträten

In Städten über 20 000 Einw. kann durch die Hauptsatzung festgelegt werden, daß hauptamtliche Stadträtinnen bzw. Stadträte beschäftigt werden. Diese haben keine Organstellung, sondern sind der/dem Bürgerm. untergeordnet. Sie befinden sich im Beamtenverhältnis auf Zeit und werden nach näherer Regelung in der Hauptsatzung für mindestens sechs, höchstens acht Jahre gewählt (§ 67 GO). Die Wahlzeit ist damit mit der der hauptamtlichen Bürgermeister/innen identisch. Die Anzahl der Stadträtinnen und Stadträte ist gesetzlich

Stadtverfassung

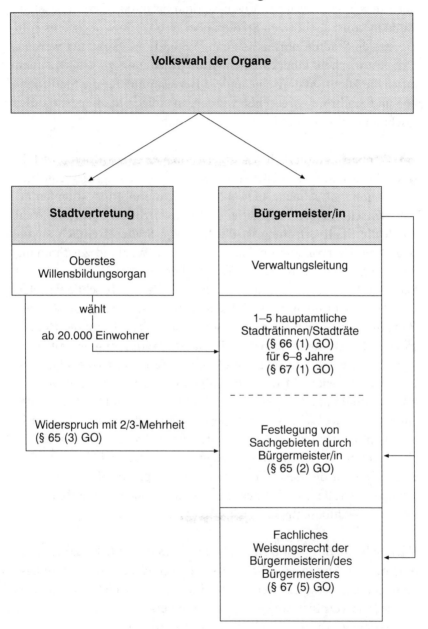

Volkswahl der Organe

Stadtvertretung	Bürgermeister/in
Oberstes Willensbildungsorgan	Verwaltungsleitung

wählt

ab 20.000 Einwohner

1–5 hauptamtliche
Stadträtinnen/Stadträte
(§ 66 (1) GO)
für 6–8 Jahre
(§ 67 (1) GO)

Widerspruch mit 2/3-Mehrheit
(§ 65 (3) GO)

Festlegung von
Sachgebieten durch
Bürgermeister/in
(§ 65 (2) GO)

Fachliches
Weisungsrecht der
Bürgermeisterin/des
Bürgermeisters
(§ 67 (5) GO)

begrenzt und beträgt in kreisangehörigen Städten bis 40 000 Einw. höchstens 1, in kreisangehörigen Städten bis 60 000 Einw. höchstens 2 und in kreisangehörigen Städten über 60 000 Einw. höchstens 3. In kreisfreien Städten dürfen maximal 5 Stadträte beschäftigt werden. Um historischen Überkommenheiten Rechnung zu tragen, kann durch die Hauptsatzung eine andere Bezeichnung für die Stadträtinnen und Stadträte vorgesehen werden. In einigen Städten ist die Bezeichnung „Senatorin" bzw. „Senator" üblich.

Die Wahl erfolgt durch die Stadtvertretung im Meiststimmenverfahren. Ein besonderes Mehrheitserfordernis oder Zugriffsrechte der Fraktionen gibt es nicht. Gewählt ist, wer die meisten Stimmen erhält. Vorschlagsberechtigt ist jede/r Stadtvertreter/in. **Vor der Wahl durch die Stadtvertretung ist die jeweilige Stelle öffentlich auszuschreiben.** Hiervon kann bei der erstmaligen Wahl mit Zustimmung der Kommunalaufsichtsbehörde abgesehen werden. Bei Wiederwahl kann die Stadtvertretung mit absoluter Mehrheit beschließen, daß nicht ausgeschrieben wird. **Wählbarkeitsvoraussetzung ist, daß die Betreffenden über die für das Amt erforderliche Eignung, Befähigung und Sachkunde besitzen. Sie müssen weiter zu gemeindlichen Ehrenämtern wählbar sein und dürfen im Falle der Erstwahl das 60. Lebensjahr noch nicht vollendet haben.** Eine bestimmte Ausbildung oder Laufbahnprüfung müssen die Stadträtinnen und Stadträte nicht aufweisen. Die Wahl ist nicht bei der Kommunalaufsichtsbehörde anzeigepflichtig. Jedoch kann die Kommunalaufsichtsbehörde ihre allgemeinen Aufsichtsmittel einsetzen, wenn die Wahl rechtswidrig erfolgt ist oder die Bewerber/innen nicht die erforderlichen Voraussetzungen erfüllen. In Betracht kommt insbesondere eine Beanstandung des Wahlbeschlusses nach § 123 GO.

Nach Ablauf der Wahlzeit sind Stadträtinnen und Stadträte verpflichtet, ihr Amt fortzuführen, es sei denn, daß sich die Anstellungsbedingungen verschlechtern oder sich die Wahlzeit verkürzt. Die Wiederwahlverpflichtung gilt nicht für die erste, sondern für alle auf die erstmalige Berufung folgenden Amtsperioden.

Die Stadträtinnen und Stadträte üben innerhalb der Stadtverwaltung Leitungsfunktionen aus. Ihre Sachgebiete werden ihnen von der bzw. dem Bürgermeister/in zugewiesen (§ 65 Abs. 2 GO). Zuvor hat die Bürgermeisterin bzw. der Bürgermeister den Vorschlag zur Verwaltungsgliederung und zur Sachgebietsverteilung der Stadtvertretung vorzulegen. Diese kann der Entscheidung der bzw. des Bürgermeisters/in mit einer Mehrheit von $2/3$ der gesetzlichen Mitgliederzahl widersprechen. In diesem Fall hat die/der Bürgermeister/in einen neuen Vorschlag zu unterbreiten. Die Stadtvertretung kann von sich aus keinen eigenen Vorschlag erarbeiten.

Die Stadträtinnen und Stadträte unterliegen in ihrer Aufgabenwahrnehmung dem Weisungsrecht der/des Bürgermeisters/in (§ 67 Abs. 5 GO).

12.3.3 Stellvertretung der Bürgermeisterin bzw. des Bürgermeisters

In ehrenamtlich verwalteten Städten sind die Stellvertretenden des Vorsitzenden gleichzeitig Stellvertretende der Bürgermeisterin bzw. des Bürgermeisters (§ 60 Abs. 2 i. V. m. § 52 a GO). Wird die Verwaltung einer Stadt von einer hauptamtlichen Bürgermeisterin bzw. einem hauptamtlichen Bürgermeister geleitet, so werden die Stellvertretenden in gesonderten Wahlgängen von der Stadtvertretung gewählt. Zulässig sind insgesamt drei Stellvertretende, die/den Bürgermeister/in im Falle der Verhinderung in der Reihenfolge ihrer Wahl vertreten. **Sind Stadträte vorhanden, so sind diese für die Dauer ihrer Amtszeit zu Stellvertretenden zu wählen.** Da die Stadträtinnen und Stadträte Beamte auf Zeit sind, ist die Dauer der Stellvertretung nicht an die Wahlperiode der Stadtvertretung gebunden. Die Wahl erfolgt mit relativer Mehrheit nach § 39 Abs. 1 GO. Gewählt ist also die Person, die mehr Ja- als Nein-Stimmen erhält (§ 62 Abs. 3 GO).

Gibt es Stadträtinnen bzw. Stadträte nicht, so werden die Stellvertretenden aus der Mitte der Stadtvertretung für deren Wahlzeit gewählt. Die Wahl erfolgt im gebundenen Vorschlagsrecht. Vorschlags-

Stellvertretung
des Bürgermeisters/der Bürgermeisterin in Städten

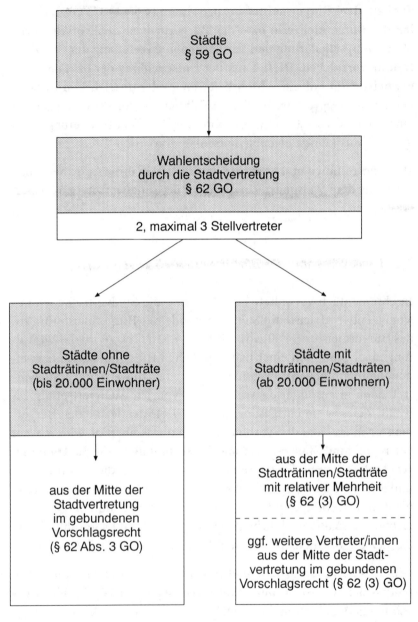

Städte
§ 59 GO

Wahlentscheidung
durch die Stadtvertretung
§ 62 GO

2, maximal 3 Stellvertreter

Städte ohne
Stadträtinnen/Stadträte
(bis 20.000 Einwohner)

Städte mit
Stadträtinnen/Stadträten
(ab 20.000 Einwohnern)

aus der Mitte der
Stadtvertretung
im gebundenen
Vorschlagsrecht
(§ 62 Abs. 3 GO)

aus der Mitte der
Stadträtinnen/Stadträte
mit relativer Mehrheit
(§ 62 (3) GO)

ggf. weitere Vertreter/innen
aus der Mitte der Stadt-
vertretung im gebundenen
Vorschlagsrecht (§ 62 (3) GO)

berechtigt sind also die Fraktionen entsprechend der auf sie entfallenden Höchstzahlen. Die Wahl selbst erfolgt mit relativer Mehrheit. Gewählt ist, wer mehr Ja- als Nein-Stimmen erhält. Zum gebundenen Vorschlagsrecht vgl. im übrigen Abschnitt 10.3.7. Das gleiche Wahlverfahren gilt, wenn hauptamtlich angestellte Stadträte zwar vorhanden sind, die Anzahl der Stellvertretenden jedoch ihre Zahl übersteigt.

Die erste Stellvertreterin bzw. der erste Stellvertreter der/des Bürgerm. führt die Amtsbezeichnung „Erste Stadträtin" oder „Erster Stadtrat". Das gilt unabhängig davon, ob es sich um eine/n hauptamtlichen Stellvertreter/in oder einen aus der Mitte der Stadtvertretung Gewählte/n ehrenamtlichen Stellvertreter/in handelt.

12.3.4 Abberufung von Stadträten/innen

Hauptamtliche Stadträte können jederzeit durch Beschluß der Stadtvertretung aus ihrem Amt abberufen werden. Allerdings kann der Beschluß nur gefaßt werden, wenn die Angelegenheit auf der Tagesordnung gestanden hat. Die Abberufung bedarf der zweimaligen Beschlußfassung mit der Mehrheit von $2/3$ der gesetzlichen Mitgliederzahl der Stadtvertretung (§ 40 a Abs. 2 und 3 GO). Zwischen den Abberufungen muß eine Mindestfrist von vier Wochen liegen. Das Verbot eines Dringlichkeitsantrages, die besonderen Mehrheitserfordernisse und die Notwendigkeit einer zweimaligen Beratung bei der Abberufung sollen übereilte Entscheidungen verhindern und einen möglichst breiten Konsens in der Stadtvertretung erzwingen (vgl. Abschnitt 10.3.8.5).

Die Abberufung von ehrenamtlichen Stellvertretenden erfolgt nach § 40 a Abs. 1 GO. Zu beachten ist auch insofern das Verbot des Dringlichkeitsantrages und das Erfordernis der Mehrheit der anwesenden Stadtvertreter.

Schnellübersicht zur Wahl von Mandats- und Amtsträgern in Gemeinden und Städten[1]

	Bürgervorsteher bzw. Stadtpräsident und Stellvertreter	ehrenamtlicher Bürgermeister in Gemeinden u. Städten	Stellvertr. d. ehrenamtlichen Bürgermeisters	Ausschußmitglieder u. Stellvertreter	Ausschußvorsitzende u. Stellvertreter	Mitglieder von Ortsbeiräten	hauptamtlicher Bürgermeister in Gemeinden u. Städten
Rechts-Grundl.	§§ 33, 39, 40	§ 33 (3), § 60 (2) i. V. m. § 52	§ 33 (3) i. V. m. § 40	§§ 45 (1), 46 (1), 40 (4)	§ 46 (4)	§ 47 b i. V. m. § 40 (3)	§ 57, § 61
Verfahren	a) Meiststimmenverfahren (§ 40) b) Auf Verlangen einer Fraktion Wahl nach gebundenem Vorschlagsrecht. Abstimmung nach § 39	Erster Wahlgang absolute Mehrheit. Zweiter Wahlgang absolute Mehrheit. Dritter Wahlgang Stichwahl (§ 52). Die Wahl wird nach dem zweiten Wahlgang abgebrochen, wenn nur ein Kandidat vorhanden ist, der nicht die absol. Mehrheit erreicht.	Meiststimmenverfahren, wobei die Fraktionsstärke berücksichtigt werden muß.	*Wahl erfolgt durch die Gemeindevertretung* a) Meiststimmenverfahren b) Auf Verlangen einer Fraktion Verhältniswahl nach § 40 (4). Es wird über Listen der Fraktionen abgestimmt.	Wahl erfolgt immer durch die Gemeindevertretung im Zugriffsverfahren nach gebundenem Vorschlagsrecht. Abstimmung nach § 39.	Meiststimmenverfahren. Dabei soll das Wahlergebnis der Parteien pp. berücksichtigt werden.	a) Volkswahl mit mehr als der Hälfte der gültigen Stimmen (§ 45 b GKWG). Ggfs. Stichwahl im Meiststimmenverfahren b) Wahl durch die Gemeindevertretung im Meiststimmenverfahren (§ 57 (2)).
Ersatzwahl	wie ursprüngliche Wahl	wie ursprüngliche Wahl	wie ursprüngliche Wahl	a) Meiststimmenverfahren b) Auf Verlangen einer Fraktion wird der gesamte Ausschuß neu besetzt (gilt nicht für stellv. Mitgl.)	wie ursprüngliche Wahl, jedoch Anrechnung noch besetzter Stellen (§ 46 (4)).	wie ursprüngliche Wahl (§ 47c (3))	entfällt
wählbar	nur Gemeindevertreter			Gemeindevertreter und wählbare Bürger (§ 46 (2)). Hauptausschuß nur Gemeindevertreter (§ 45 a)	Ausschußmitglieder	Gemeindevertreter u. wählbare Bürger	Deutscher, EU-Bürger, Eignung, Befähigung, Sachkunde Mindestalter 27 J., Höchstalter 60 J.

1) Personenbezogene Bezeichnungen gelten jeweils auch in der weiblichen Form

126

	Stellvertr. d. hauptamtlichen Bürgermeisters in Gemeinden	Stellvertr. d. hauptamtlichen Bürgermeisters in Städten	hauptamtliche Stadträte
Rechtsgrundl.	§ 57 e i. V. m. § 40 (3)	§ 62 (3)	§ 67
Verfahren	Meiststimmenverfahren	Wahl durch die Gemeindevertretung a) Wahl von Stadträten mit relativer Mehrheit (§ 39 (1)) b) Wenn keine oder nicht genügend Stadträte vorhanden sind, Wahl von Stadtvertretern nach gebundenem Vorschlagsrecht (§ 33 (2)).	Meiststimmenverfahren. Jeder Stadtvertreter ist vorschlagsberechtigt.
Ersatzwahl	Meiststimmenverfahren	bei b) wie ursprüngliche Wahl	entfällt
wählbar	nur Gemeindevertreter (§ 57 e)	Stadträte bzw. Stadtvertreter	wie hauptamtl. Bürgermeister

13. Gleichstellungsbeauftragte, Beteiligung von Kindern

13.1 Gleichstellungsbeauftragte

Soweit Gemeinden eine eigene Verwaltung haben, sind sie verpflichtet, Gleichstellungsbeauftragte zu bestellen, die zur Verwirklichung des Gleichheitsgrundsatzes (Art. 3 Abs. 2 GG) beitragen sollen (§ 2 Abs. 3 GO). Damit soll auch Art. 6 LVerf Rechnung getragen werden, nach dem die Förderung des Gleichheitsgrundsatzes u. a. Aufgabe der kommunalen Gebietskörperschaften ist. Die Verpflichtung zur Bestellung von Gleichstellungsbeauftragten verstößt nicht gegen die kommunale Organisationshoheit (BVerfG, Die Gemeinde 1995, 48).

Zur Gleichstellungsbeauftragten können nur Frauen bestellt werden. In Gemeinden bis zu 10 000 Einw. können sie ehrenamtlich tätig sein und eine Aufwandsentschädigung nach der Entschädigungsverordnung erhalten. In größeren Gemeinden sind die Gleichstellungsbeauftragten grundsätzlich berufsmäßig als Beamtinnen oder Angestellte anzustellen, wobei das Nähere in der Hauptsatzung festzulegen ist.

Die Bestellung selbst ist gesetzlich nicht geregelt und verläuft deshalb nach den allgemeinen Zuständigkeits- und Beschlußregeln der gemeindlichen Organe. Wegen der Bedeutung der Entscheidung betrachten die Gemeindevertretungen die Bestellung aber in der Regel als „wichtige Angelegenheit" im Sinne von § 27 GO, so daß die Gemeindevertretung über die Bestellung beschließt. Bestellung bedeutet, daß der Bewerberin oder Mitarbeiterin die Aufgaben der Gleichstellungsbeauftragten übertragen werden. Es handelt sich nicht um eine Wahl, sondern um eine normale Beschlußfassung, die die Zuordnung einer bestimmten Funktion zum Gegenstand hat.

Die Hauptsatzung soll der Gleichstellungsbeauftragten eine unabhängige Aufgabenerledigung sichern. Das bedeutet, daß die Gleichstellungsbeauftragte zwar organisatorisch Teil der Gemeindeverwaltung ist, fachlich jedoch keinerlei Weisungen der Behördenleitung unterliegt. Sie untersteht aber der allgemeinen Dienstaufsicht der/ des Dienstvorgesetzten (z. B. Einhaltung der Arbeitszeit, Genehmigung von Dienstreisen usw.).

Zur Unabhängigkeit der Gleichstellungsbeauftragten gehört auch, daß sie eine eigene Öffentlichkeitsarbeit betreiben können und berechtigt sind, an Sitzungen der Gemeindevertretung und der Ausschüsse (auch soweit diese nicht öffentlich beraten) teilzunehmen. Sie können dort das Wort verlangen, haben aber kein Recht, Beschlußanträge zu stellen. Trotz ihrer fachlichen Unabhängigkeit haben sie nicht die Stellung eines Gemeindeorgans; sie sind Bestandteil des verwaltungsleitenden Organs Bürgermeister(in) und firmieren nach außen auch unter diesem Briefkopf, wobei es sinnvoll ist, den Zusatz „Die Gleichstellungsbeauftragte" zu ergänzen.

Formulierungshilfen für die Ausgestaltung des Tätigkeitsbereichs und der Rechtsstellung der Gleichstellungsbeauftragten gibt das Hauptsatzungsmuster des Innenministers (Erlaß vom 28. 6. 1990, Amtsb. S. 389).

Soll eine Gleichstellungsbeauftragte von ihrer Funktion entbunden werden, so kann dies – abgesehen vom Fall der Kündigung aus wichtigem Grunde (außerordentliche Kündigung) nach § 626 BGB – nur durch einen Beschluß der Gemeindevertretung geschehen, der der Mehrheit der gesetzlichen Mitglieder bedarf.

Zu berücksichtigen ist, daß sich eine Reihe von Rechten der Gleichstellungsbeauftragten aus dem Gleichstellungsgesetz vom 13. 12. 1994 (GVOBl. S. 562) ergeben. Das gilt insbesondere für die Mitwirkung in Personalangelegenheiten.

13.2 Beteiligung von Kindern und Jugendlichen

Nach der allgemeinen Aufgabenbeschreibung der Gemeinden in § 1 Abs. 1 GO handeln diese auch in Verantwortung für die zukünftigen Generationen. Zweifelsfrei berührt das gemeindliche Handeln in zahlreichen Fällen die Interessen von Kindern und Jugendlichen. Das gilt beispielsweise für die Planung der Nutzung des Gemeindegebietes (Aufstellen von Flächennutzungs- und Bebauungsplänen) sowie für die Errichtung öffentlicher Einrichtungen (Spielplätze, Bolzplätze, Kindertagesstätten, Schulen, Schülerbeförderung, Jugendheime, Freizeiteinrichtungen). **In Übereinstimmung mit dem Jugendförderungsgesetz verpflichtet § 47 f GO die Gemeinden, in derartigen Angelegenheiten Kinder und Jugendliche in angemessener Weise zu beteiligen. Hierzu müssen jugendspezifische Beteiligungsverfahren entwickelt werden;** solche sind z. B.: Kinder- und Jugendparlamente, Kinder- und Jugendbeiräte, Kinder- und Jugendforen sowie projektorientierte Beteiligungsformen, wie z. B. Zukunfts- und Planungswerkstätten. Die Gemeinden sind verpflichtet, in allgemeiner Form die Auseinandersetzung mit den Bedürfnissen von

Kindern und Jugendlichen offenzulegen und zu dokumentieren. Dies geschieht in der Regel durch die mündliche oder schriftliche Begründung einzelner Vorhaben und Planungen. Die Beteiligung hat durch die/den Bürgermeister/in oder die entscheidungsbefugten bzw. vorbereitenden Gremien zu erfolgen. Ist eine Beteiligung versehentlich unterblieben, so handelt die Gemeinde zwar entgegen § 47 f GO; die jeweilige Planung oder Maßnahme wird hierdurch aber nicht rechtswidrig.

14. Ortsteile, Beiräte

14.1 Ortsteile

Durch Beschluß der Gemeindevertretung können Ortsteile, die eine besondere Bezeichnung führen können, gebildet werden (§ 47 a GO). Die Vorschrift will örtlich bedingten Besonderheiten Rechnung tragen, die z. B. darin liegen können, daß sich die Einw. mit einem bestimmten Teil ihres Gemeindegebietes besonders verbunden fühlen.

Für den Ortsteil kann durch die Hauptsatzung ein Ortsbeirat gebildet werden, dem sowohl Mitglieder der Gemeindevertretung als auch andere Bürgerinnen und Bürger angehören können. Die Mitglieder der Gemeindevertretung müssen sich jedoch stets in der Minderzahl befinden. Der Ortsbeirat wird von der Gemeindevertretung gewählt. Er ist bei allen wichtigen Angelegenheiten, die den Ortsteil betreffen, zu unterrichten. Der Ortsbeirat kann Anträge an die Gemeindevertretung richten. Ihm können Angelegenheiten zur abschließenden Entscheidung übertragen werden, sofern es sich nicht um vorbehaltene Aufgaben der Gemeindevertretung handelt (§ 47 c Abs. 2 GO). Von dieser Möglichkeit ist in der Praxis bisher kein Gebrauch gemacht worden.

Vorschläge für eine Hauptsatzungsregelung über eine Ortsteilverfassung finden sich im Runderlaß des Innenministers vom 28. 6. 1990 (Amtsbl. S. 389).

14.2 Beiräte

Durch Satzung können Gemeinden Beiräte für gesellschaftlich bedeutsame Gruppen errichten. Solche Beiräte können insbesondere sein: Seniorenbeiräte, Kinderbeiräte, Ausländerbeiräte, Wirtschaftsbeiräte, Naturschutzbeiräte, Behindertenbeiräte (§ 47 d GO). In der Errichtungssatzung wird auch festgelegt, wer im Beirat mitwirken kann und wie der Beirat gewählt wird. Zur Einrichtung von Seniorenbeiräten gibt der Erlaß des Innenministers vom 2. 8. 1994 (Amtsbl. S. 446) Hinweise. Die Gemeinde ist verpflichtet, den Beirat über alle wichtigen Angelegenheiten, die die von ihm vertretene gesellschaftlich bedeutsame Gruppe betreffen, zu unterrichten. Sofern die Satzung dies vorsieht, ist die/der Beiratsvorsitzende berechtigt, an Sitzungen der Gemeindevertretung und der Ausschüsse teilzunehmen und das Wort zu verlangen, sofern Beiratsinteressen berührt werden. Weiter können den Beiräten und den Beiratsvorsitzenden durch die Satzung Antragsrechte eingeräumt werden.

Die Gemeinden sollten vor der Errichtung von Beiräten eingehend prüfen, ob dies wirklich sachgerecht ist. Unabhängig von der Berechtigung von Anliegen gesellschaftlich bedeutsamer Gruppen muß verhindert werden, daß die Gesamtverantwortung der vom Volk gewählten Gemeindevertretung geschmälert wird.

15. Kommunaler Organstreit

Sofern ein Beschluß der Gemeindevertretung oder eines Ausschusses geltendes Recht verletzt, muß die/der Bgm. diesem Beschluß widersprechen (§§ 43, 47 GO). Bei Beschlüssen, die das Wohl der Ge-

Widerspruch gegen Beschlüsse der Gemeindevertretung wegen Rechtsverletzung (§ 43 GO)

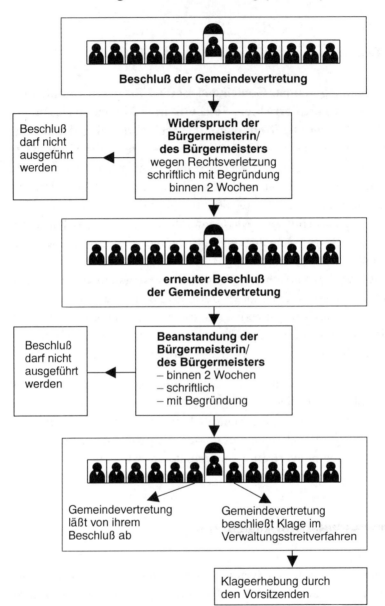

Beschluß der Gemeindevertretung

Beschluß darf nicht ausgeführt werden ◄── **Widerspruch der Bürgermeisterin/ des Bürgermeisters** wegen Rechtsverletzung schriftlich mit Begründung binnen 2 Wochen

erneuter Beschluß der Gemeindevertretung

Beschluß darf nicht ausgeführt werden ◄── **Beanstandung der Bürgermeisterin/ des Bürgermeisters** – binnen 2 Wochen – schriftlich – mit Begründung

Gemeindevertretung läßt von ihrem Beschluß ab

Gemeindevertretung beschließt Klage im Verwaltungsstreitverfahren

Klageerhebung durch den Vorsitzenden

meinde gefährden, kann die/der Bürgermeister/in widersprechen.
Eine Wohlgefährdung liegt z. B. vor, wenn die Gemeindevertretung
nicht das erforderliche Personal bereitstellt, um die Weisungsaufgaben ordnungsgemäß zu erfüllen. Es handelt sich dabei nicht um einen Widerspruch im Sinne der Verwaltungsgerichtsordnung, sondern um einen kommunalen Organstreit, der ein Akt der inneren
Rechtskontrolle ist (OVG Lüneburg, Die Gemeinde 1974, 98).
Kommt die/der Bgm. seiner Rechtspflicht zum Widerspruch nicht
nach, kann er von der Gemeinde haftbar gemacht werden (§ 94
LBG). Dritte, also insbesondere Bürgerinnen und Bürger der Gemeinde, haben keinen Rechtsanspruch darauf, daß die/der Bgm. widerspricht.

Die Widerspruchspflicht bezieht sich auf „Beschlüsse". Hierzu gehören auch Wahlen (vgl. § 40 Abs. 1 GO). Die Rechtswidrigkeit kann
sich entweder aus einem fehlerhaften Verfahren oder daraus ergeben, daß der Beschluß materiell rechtswidrig ist. Der Widerspruch
muß innerhalb von zwei Wochen nach der Beschlußfassung schriftlich erhoben werden. Die Schriftform ist aus Beweissicherungsgrün-
den unerläßlich. Ferner ist der Widerspruch zu begründen. Er wird
an die/den Vorsitzenden der Gemeindevertretung bzw. des Ausschusses gerichtet. In ehrenamtlich verwalteten Gemeinden ist der 1.
Stellv. der/des Bürgerm. Adressat des Widerspruchs. Er entfaltet die
Wirkung, daß der Beschluß zunächst nicht ausgeführt werden darf.
Handelt es sich um einen Beschluß der Gemeindevertretung, so hat
sich diese in einer neuen Sitzung nochmals mit der Sache zu befassen. Ziel dieser Regelung ist es, nochmals eine inhaltliche Überle-
gungsphase eintreten zu lassen. **Wiederholt die Gemeindevertretung
ihren rechtsverletzenden Beschluß, so muß die/der Bgm. diesen
zweiten Beschluß schriftlich und mit entsprechender Begründung
binnen einer Frist von zwei Wochen beanstanden.** Diese Beanstandung hat wiederum aufschiebende Wirkung, so daß der Beschluß
nicht ausgeführt werden darf. Gegen die Beanstandung kann die Gemeindevertretung mit einer verwaltungsgerichtlichen Klage vorge-
hen, die ihr(e) Vorsitzende(r) zu erheben hätte (§ 33 Abs. 7 GO).

8

Bei Beschlüssen von Ausschüssen entscheidet abschließend die Gemeindevertretung, wenn der Ausschuß dem Widerspruch nicht stattgeben will. Gegen den Beschluß der Gemeindevertretung muß die/der Bgm. ggfs. wiederum Widerspruch erheben.

Neben dem Organstreit nach §§ 43, 47 GO ist in der Rechtsprechung anerkannt, daß einzelne Gemeindevertreter, Fraktionen, Organe oder sonstige Gremien dann den Verwaltungsrechtsweg beschreiten können, wenn sie geltend machen können, in ihren kommunalverfassungsrechtlich gesicherten Rechten verletzt zu sein (z. B. ein(e) Gemeindevertr. wird gem. § 22 GO wegen Befangenheit von Beratungen ausgeschlossen und bezweifelt die Richtigkeit dieses Ausschlusses; eine Fraktion beantragt bei der Wahl eines Ausschusses Verhältniswahl gem. § 46 Abs. 1 GO; der Vorsitzende ist aber nicht bereit, diesem Verlangen zu folgen). Die „kommunale Verfassungsstreitigkeit" ist in der GO nicht gesetzlich geregelt, sondern geht auf Grundsätze des allgemeinen Rechtsschutzes zurück (OVG Lüneburg, Die Gemeinde 1974, 260). Zu den organschaftlichen Rechten von Fraktionen vgl. Schl.-H. OVG, Die Gemeinde 1993, 81).

16. Aufsicht über Gemeinden und Gemeindeverbände

16.1 Aufgabe der Staatsaufsicht

Die Gemeinden und Gemeindeverbände sind als Träger der öffentlichen Gewalt (§ 2 LVwG) in den Staat eingegliedert. Ihr Handeln unterliegt der staatlichen Aufsicht. Ziel dieser Aufsicht ist es einerseits, die kommunalen Gebietskörperschaften zu beraten und zu unterstützen, andererseits aber auch ein rechtmäßiges Handeln zu gewährleisten. Die Aufsicht wird ausgeübt von den Ländern. Eine Bundeskompetenz gibt es nicht.

16.2 Arten der Staatsaufsicht

16.2.1 Dienstaufsicht, Fachaufsicht

Soweit kommunale Körperschaften Aufgaben zur Erfüllung nach Weisung wahrnehmen, unterstehen ihre Behörden der Fachaufsicht (§ 17 Abs. 1 LVwG). Das gleiche gilt soweit Bundesrecht ausgeführt wird (§ 21 LVwG). Die Fachaufsicht erstreckt sich auf die rechtmäßige und zweckmäßige Wahrnehmung der Verwaltungsangelegenheiten der Behörde (§ 15 Abs. 2 LVwG). Oberste Fachaufsichtsbehörde und Fachaufsichtsbehörde über die Kreise und kreisfreien Städte ist in der Regel die fachlich zuständige oberste Landesbehörde. Untere Fachaufsichtsbehörde über kreisangehörige Gemeinden und Ämter ist, soweit nichts anderes bestimmt ist, die Landrätin bzw. der Landrat (§ 17 Abs. 3 LVwG) als allgemeine untere Landesbehörde (§ 3 Gesetz über die Errichtung allgemeiner unterer Landesbehörden).

Die Fachaufsicht kann der beauftragten Behörde sowohl hinsichtlich der Rechtmäßigkeit als auch der Zweckmäßigkeit ihres Handelns Weisungen erteilen. Wird eine der Weisungen nicht befolgt, so kann sie bei Gefahr im Verzuge selbst an Stelle der beaufsichtigten Behörde tätig werden.

Eine noch stärkere Form der Aufsicht stellt die Dienstaufsicht dar. Sie erstreckt sich auch auf die innere Ordnung, die allgemeine Geschäftsführung und die Personalangelegenheiten der Behörde (§ 15 LVwG). Der Dienstaufsicht unterstehen im kommunalen Bereich nur die Landräte in ihrer Eigenschaft als allgemeine untere Landesbehörde (vgl. § 2 Gesetz über die Errichtung allgemeiner unterer Landesbehörden).

16.2.2 Kommunalaufsicht

Nach Art. 46 Abs. 3 LVerf sichert das Land durch seine Aufsicht die Durchführung der Gesetze. Ergänzend hierzu bestimmt § 9 GO, daß

Kommunalaufsicht

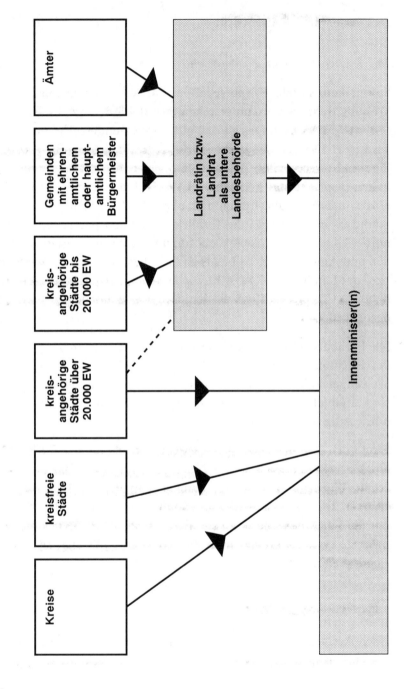

das Land die Gemeinden in ihren Rechten schützt und die Erfüllung ihrer Pflichten sichert. Ferner sollen die Kommunalaufsichtsbehörden die Gemeinden beraten und unterstützen (§ 120 GO).

Im Gegensatz zur Dienstaufsicht und Fachaufsicht erstreckt sich die Kommunalaufsicht ausschließlich auf eine Kontrolle der Rechtmäßigkeit. In Fragen der Zweckmäßigkeit kann die Kommunalaufsicht die Gemeinden zwar beraten; sie kann ihnen aber keinerlei Weisungen erteilen. Die Beratungsfunktion der Kommunalaufsichtsbehörden hat insbesondere Bedeutung für kleinere Gemeinden mit begrenzter Verwaltungskraft.

16.3 Kommunalaufsichtsbehörden

Die Kommunalaufsicht wird von Kommunalaufsichtsbehörden ausgeübt. Für Gemeinden mit Bürgermeisterverfassung und kreisangehörige Städte bis 20 000 Einw. sind die Landräte Kommunalaufsichtsbehörde. Sie nehmen diese Aufgabe nach dem Gesetz über die Errichtung allgemeiner unterer Landesbehörden als untere Landesbehörde wahr. Dies hat zur Folge, daß bei Rechtsstreitigkeiten in Angelegenheiten der Kommunalaufsicht das Land Beklagter ist. In Angelegenheiten der Kommunalaufsicht unterstehen die Landräte der Fach- und Dienstaufsicht des Innenministers.

Oberste Kommunalaufsichtsbehörde und Kommunalaufsichtsbehörde für die Städte über 20 000 Einw. und die Kreise ist der Innenminister (§ 121 GO).

16.4 Kommunalaufsichtsbehördliche Mittel

Den Aufsichtsbehörden werden durch die GO in zahlreichen Fällen besondere Mitwirkungsrechte eingeräumt. So bedarf die Hauptsatzung der Genehmigung der Kommunalaufsichtsbehörde (§ 4 GO). Namensänderungen, die Einführung bzw. Änderung von Wappen und Flaggen oder Gebietsänderungsverträge bedürfen der Genehmigung des Landrates bzw. des Innenministers (§§ 11 und 16 GO). Die Kommunalaufsichtsbehörde hat festzustellen, ob ein Einwohnerantrag oder ein Bürgerbegehren rechtmäßig gestellt ist (§§ 16 f Abs. 5, 16 g Abs. 5 GO). § 44 GO ermächtigt den Innenminister, eine Gemeindevertretung unter bestimmten Voraussetzungen aufzulösen. Nach § 45; GKWG entscheidet die Kommunalaufsicht über die Gültigkeit der Wahl einer/eines hauptamtlichen Bürgerm. Von der Ausschreibung der Stelle einer Stadträtin bzw. eines Stadtrates kann nur mit Zustimmung der Kommunalaufsichtsbehörde abgesehen werden (§ 67 Abs. 3 GO). Hierbei handelt es sich um eine präventive Aufsicht.

Neben diesen besonderen Mitwirkungsrechten stehen die allgemeinen Mittel der Kommunalaufsicht (repressive Aufsicht), nämlich das Auskunftsrecht, das Beanstandungsrecht, das Anordnungsrecht, die Ersatzvornahme und die Bestellung eines Beauftragten (§§ 122 bis 127 GO). Wird eines dieser Mittel eingesetzt, so handelt es sich dabei um einen Verwaltungsakt im Sinne von § 106 LVwG, der im verwaltungsgerichtlichen Verfahren angefochten werden kann. Klagebefugt ist die Gemeinde (VG Schleswig, Die Gemeinde 1982, 238). Es ist immer das Mittel einzusetzen, das die Gemeinde am wenigsten beeinträchtigt, das aber gleichwohl geeignet ist, den gewünschten Erfolg herbeizuführen (BVerwG, Die Gemeinde 1973, 120). Im übrigen ist die Gemeinde zuvor gem. § 87 LVwG anzuhören.

Der Kommunalaufsicht unterliegt das gesamte Handeln der Gemeinden in Selbstverwaltungsangelegenheiten. Überprüft werden können Beschlüsse und Anordnungen der Gemeindeorgane, einzelner Funktionsträger (z. B. Bürgervorsteher(in), Ausschußvorsitzende, Ortsbeiräte) sowie das einfache Verwaltungshandeln der Gemeindeverwaltung.

16.4.1 Auskunftsrecht

Um den Kommunalaufsichtsbehörden eine wirksame Aufgabenerledigung zu ermöglichen, räumt § 122 GO ihnen ein uneingeschränk-

tes Informationsrecht ein. Dieses Informationsrecht soll der vollständigen Sachverhaltsaufklärung dienen. Die Aufsichtsbehörde kann sich schriftlich oder mündlich berichten lassen, an Ort und Stelle Besichtigungen vornehmen, Akten einsehen und an Sitzungen – auch an nichtöffentlichen teilnehmen. Die Art der Unterrichtung wird durch die Kommunalaufsichtsbehörde bestimmt.

16.4.2 Beanstandungsrecht, einstweilige Anordnung

Sofern Beschlüsse, Anordnungen oder sonstige Entscheidungen der Gemeinde nach Auffassung der Kommunalaufsichtsbehörde geltendes Recht verletzen, kann diese die jeweilige Maßnahme beanstanden (§ 123 GO). Dabei kann es sich sowohl um Beschlüsse der Gemeindevertretung oder der Ausschüsse handeln, als auch um Anordnungen der/des Bgm., Entscheidungen des Bürgervorstehers oder sonstiger Funktionsträger. Es muß sich also nicht ein Handeln von Organen im Sinne von § 7 GO vorliegen. Die Gemeinde muß sich vielmehr alle Entscheidungen der für sie tätigen Personen und Gremien zurechnen lassen. Voraussetzung ist aber, daß es sich eindeutig um eine Rechtsverletzung handelt (VG Schleswig, Die Gemeinde, 1990, 68).

Die Beanstandung entfaltet aufschiebende Wirkung, d. h. daß der Beschluß oder die Anordnung nicht ausgeführt werden darf. Die Kommunalaufsichtsbehörde kann mit der Beanstandung verlangen, daß die Gemeinde die Anordnung oder den Beschluß aufhebt und Maßnahmen, die bereits getroffen wurden, rückgängig macht.

Das Beanstandungsrecht der Kommunalaufsichtsbehörde ist an eine Frist nicht gebunden. Auch besteht für die Aufsichtsbehörde kein Zwang zur Beanstandung; jedoch gebieten es Gründe der Fürsorge, dann Beschlüsse und Anordnungen unverzüglich zu beanstanden, wenn aus ihnen für die Gemeinde ein Schaden entstehen kann.

Das Beanstandungsrecht ist ein Mittel der allgemeinen Kommunal-

aufsicht. Sieht eine gesetzliche Norm ein spezielles Mitwirkungs-
recht zugunsten der Kommunalaufsichtsbehörde vor, so ist eine Beanstandung nach § 123 Abs. 1 GO unzulässig.

Die Aufklärung des Sachverhalts kann im Einzelfall mit Schwierigkeiten verbunden und zeitaufwendig sein. Da die Kommunalaufsichtsbehörde während der Zeit der Aufklärung des Sachverhaltes noch nicht
weiß, ob sie eine Maßnahme später beanstandet oder nicht, räumt
§ 123 Abs. 2 GO ihr die Möglichkeit ein, durch eine einstweilige Anordnung zu bestimmen, daß ein Beschluß oder eine Anordnung vo-
rerst nicht ausgeführt wird. Die einstweilige Anordnung kann allerdings nur für einen Monat ausgesprochen werden. Sie soll verhindern,
daß die Kommunalaufsichtsbehörde „vorsorglich" beanstandet.

16.4.3 Anordnungsrecht

**Während die Beanstandung ein rechtswidriges Handeln der Ge-
meinde voraussetzt, geht die Anordnung davon aus, daß die Gemeinde durch passives Verhalten, indem sie ihr obliegende Pflichten
nicht wahrnimmt, geltendes Recht verletzt. In diesen Fällen kann die
Kommunalaufsichtsbehörde anordnen, daß die Gemeinde das Erforderliche innerhalb einer bestimmten Frist veranlaßt (§ 124 GO).**

Beispiele:
*a) Die Gemeindevertretung verabschiedet keine Haushaltssatzung und
verstößt damit gegen § 77 Abs. 1 GO.*

*b) Die/der Vorsitzende der Gemeindevertretung unterläßt es, die Gemein-
devertretung einzuberufen, obwohl die/der Bgm. dies ordnungsgemäß
nach § 34 Abs. 1 GO verlangt hat.*

*c) Die/der Bürgermeister(in) unterläßt es, die Einw. über allgemein be-
deutsame Angelegenheiten der Gemeinde zu unterrichten und verstößt
damit gegen § 16a GO.*

*d) Obwohl ein Einwohnerantrag wirksam gestellt wurde, wird der Antrag
von der Gemeindevertretung nicht beraten.*

Wie alle kommunalaufsichtsbehördlichen Mittel kann auch das Anordnungsrecht nicht eingesetzt werden, um einer Privatperson zu ih-

rem vermeintlichen Recht zu verhelfen. Die Kommunalaufsichtsbehörde kann stets nur im Interesse des öffentlichen Wohls eingreifen. Kommunalaufsichtsbehördliche Entscheidungen, die sich zugunsten eines Privaten auswirken, sind deshalb stets nur eine Nebenfolge des aufsichtsbehördlichen Handelns.

16.4.4 Ersatzvornahme

Die Ersatzvornahme (§ 125 GO) schließt sich an eine Anordnung der Kommunalaufsichtsbehörde, der die Gemeinde nicht gefolgt ist, an. Inhalt der Ersatzvornahme ist, daß die Kommunalaufsichtsbehörde die Anordnung anstelle und auf Kosten der Gemeinde selbst durchführt oder von einem Anderen durchführen läßt. Die Gemeinde muß sich das Handeln der Kommunalaufsichtsbehörde gegenüber Dritten als eigene Maßnahme zurechnen lassen und ggfs. auch in finanzielle Folgen eintreten (BVerwG, DVBl. 1972, 828). Im Rahmen der Ersatzvornahme können auch Satzungen erlassen werden (VG Schleswig, Die Gemeinde 1995, 351).

16.4.5 Bestellung eines Beauftragten

Reichen die Befugnisse der Kommunalaufsichtsbehörde nicht aus, um einen ordnungsgemäßen Gang der Willensbildung und Verwaltung der Gemeinde herbeizuführen, so kann sie einen Beauftragten bestellen (§ 127 GO). Es handelt sich dabei jedoch um das äußerste Mittel der Kommunalaufsicht, das wegen der Selbstverwaltungsgarantie in Art. 28 Abs. 2 GG nur sehr vorsichtig und auch nur kurzfristig eingesetzt werden kann (Schl.-Holst. OVG, Die Gemeinde 1995, 25).

Der Beauftragte kann für bestimmte oder auch für sämtliche Aufgaben der Gemeinde eingesetzt werden. Er handelt anstelle einzelner oder mehrerer gemeindlicher Organe. Es ist möglich, für die/den Bürgerm. und selbst für die Gemeindevertretung einen Beauftragten zu bestellen. Die Gemeinde muß sich sein Handeln als eigenes Tun zurechnen lassen. Sie hat hierfür auch die Kosten zu tragen.

17. Kommunalverbände

17.1 Kreise

In Schleswig-Holstein gibt es 11 Kreise, die über eine durchschnittliche Einwohnerzahl von 176 000 verfügen.

Die Kreise Schleswig-Holsteins

17.1.1 Rechtsnatur

Art. 28 Abs. 2 GG und Art. 46 Abs. 2 LVerf räumen den Gemeindeverbänden im Rahmen ihres gesetzlichen Aufgabenbereiches die gleiche Stellung ein wie den Gemeinden. **Die Kreise sind nach § 1 KrO Gemeindeverbände und dem Land eingegliederte Gebietskörperschaften.**

17.1.2 Aufgaben

Als Gebietskörperschaften verfügen die Kreise über eine den kreisangehörigen Gemeinden nachgeordnete Allzuständigkeit. Dies wird besonders deutlich an § 2 KrO. Hiernach sind die Kreise berechtigt und im Rahmen ihrer Leistungsfähigkeit verpflichtet, in ihrem Gebiet alle öffentlichen Aufgaben in eigener Verantwortung zu erfüllen, soweit diese von den kreisangehörigen Gemeinden und Ämtern wegen zu geringer Leistungsfähigkeit und Größe nicht erfüllt werden können (vgl. hierzu sogen. „Rastede Entscheidung", BVerfG, Die Gemeinde 1989, 169 und Abschn. 4.1). Ziel der Selbstverwaltung der Kreise soll die Förderung und Ergänzung der Selbstverwaltung der kreisangehörigen Gemeinden sein. Kreis und Gemeinden sollen im Zusammenwirken alle Aufgaben der örtlichen Selbstverwaltung erfüllen. Dabei sollen sich die Kreise gegenüber den Gemeinden auf diejenigen Aufgaben beschränken, deren Durchführung durch den Kreis erforderlich ist, um seine Einwohner gleichmäßig zu versorgen und zu betreuen (§ 20 KrO).

Die Selbstverwaltungsaufgaben der Kreise stellen sich dar als
- **übergemeindliche Aufgaben**
- **ausgleichende Aufgaben**
- **ergänzende Aufgaben.**

Übergemeindliche Aufgaben sind solche Aufgaben, die sinnvoll nur von einer Körperschaft wahrgenommen werden können, die über den Gemeinden steht (z. B. Kreisstraßenbau, Unterhaltung von

Krankenhäusern, Rettungsdienst, Abfallbeseitigung, Sonderschulen, öffentlicher Gesundheitsdienst, Kreismusikschule, Sozialhilfe, Jugendhilfe). Die ausgleichenden Funktionen der Kreise sollen vor allem dazu dienen, Unterschiede im Angebot von öffentlichen Dienstleistungen zu verringern und damit möglichst gleichwertige Lebensbedingungen im Kreisgebiet zu schaffen. Die Ausgleichsfunktion nehmen die Kreise dadurch wahr, daß sie Investitionen in den kreisangehörigen Gemeinden jeweils unterschiedlich finanziell fördern. Ferner wirkt sich die Kreisumlage, die der Kreis von den kreisangehörigen Gemeinden nach den Regelungen des FAG nach deren Finanzkraft erhebt, ausgleichend aus (Schl.-Holst. OVG, Die Gemeinde 1995, 116). Im Rahmen seiner ergänzenden Aufgaben erbringt der Kreis ein Leistungsangebot in einem Bereich, in dem sich auch bereits kreisangehörige Gemeinden betätigen (z. B.: Der Kreis ist Träger eines Alten- und Pflegeheimes während die Gemeinden Sozialstationen vorhalten).

Neben den Selbstverwaltungsaufgaben (§ 2 KrO) nehmen die Kreise auch Aufgaben zur Erfüllung nach Weisung (z. B. Ausländerwesen, Bauaufsicht, Gewerberecht, Landschaftspflege, Wasserbehörde, Straßenverkehrsbehörde, Jagdbehörde, Staatsangehörigkeitsrecht, Sammlungsrecht) wahr (§ 3 KrO). Insoweit ist die Landrätin bzw. der Landrat zuständig (§ 52 KrO). Darüber hinaus wurden bei den Kreisen allgemeine untere Landesbehörden gebildet, denen z. B. die Kommunalaufsicht, die Fachaufsicht, die Gemeindeprüfung und die Schulaufsicht obliegt. Zuständig für diesen Aufgabenbereich ist ebenfalls die/der Landr. (vgl. Abschn. 4.4).

17.1.3 Organe

Organe des Kreises sind nach § 7 KrO der Kreistag und die/der Landr. Die bis zum 31. 3. 1998 geltende Kreisausschußverfassung wurde durch die Kommunalrechtsnovelle 1995 abgeschafft. Die Kreisausschußverfassung sah vor, daß die Verwaltungsleitung dem Kreisausschuß oblag, der aus 8 ehrenamtlichen Kreistagsabgeordneten und dem hauptamtlichen Landrat als Vorsitzenden bestand. Die innere Kreisverfassung entspricht ab dem 1. 4. 1998 der der hauptamtlich verwalteten Gemeinden und Städte.

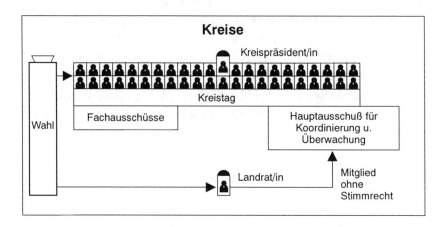

Die Willensbildung kann auch auf Kreisebene in Form eines Bürgerentscheides erfolgen. Die insoweit maßgebenden Rechtsgrundlagen der KrO (§ 16 f) entsprechen denen der GO, sind in der Praxis aber bisher (Stand 1996) noch nicht angewendet worden. Vergl. deshalb Abschn. 8.2.1.

17.1.3.1 Kreistag

Die Wahl des Kreistages, seine Arbeitsweise und seine Aufgaben entsprechen denen einer Gemeindevertretung. Die Kreistage bestehen in Kreisen bis zu 200 000 Einw. aus 45 Abgeordneten(innen), in Kreisen mit mehr als 200 000 Einw. aus 49 Abgeordneten(innen) (§ 8 GKWG). Den Vorsitz im Kreistag führt die/der Kreispräsident(in) (§ 28 KrO). Die Stellung der/des Kreispräsidenten(in) entspricht der einer bzw. eines Bürgervorst. in einer Gemeinde. Wie eine Gemeindevertretung hat der Kreistag ebenfalls Ausschüsse zu bilden (§§ 40, 41 KrO).

17.1.3.2 Landrätin/Landrat

Die/der Landr. ist Wahlbeamter(in) auf Zeit und entspricht in der Rechtsstellung einem(r) hauptamtlichen Bürgerm. (§ 50 ff. KrO). Das gilt auch für die Wahl. Die/der Landr. wird von einem Kreistagsabgeordneten, den der Kreistag im Meiststimmenverfahren wählt und der die Bezeichnung „Erster Kreisrat" bzw. „Erste Kreisrätin" führen darf, vertreten. Für die Vertretung in Aufgaben der unteren Landesbehörde wird ein(e) Beamter(in) der Kreisverwaltung bestellt, die/der die Befähigung zum Richteramt oder höheren Dienst besitzen muß (§ 48 KrO).

17.2 Ämter

In Schleswig-Holstein gibt es insgesamt 119 Ämter, die im Durchschnitt aus 9 amtsangehörigen Gemeinden mit ca. 6600 Einwohnern bestehen. Die Gesamtzahl der amtsangehörigen Gemeinden beträgt 1026.

Die Berechtigung und Notwendigkeit der Ämter ergibt sich daraus, daß die geringe Einwohnerzahl und die damit verbundene begrenzte finanzielle Leistungsfähigkeit es nicht zulassen, daß jede einzelne Gemeinde eine Gemeindeverwaltung mit der erforderlichen Verwaltungskraft vorhält.

17.2.1 Rechtsnatur, Rechtsstellung

Die Ämter sind ein zwangsweiser Zusammenschluß mehrerer kreisangehöriger Gemeinden zu einer Körperschaft des öffentlichen Rechts, die in erster Linie Dienstleistungen und Verwaltungsaufgaben für ihre Mitglieder, also die Gemeinden, wahrnehmen soll. Durch die Bildung eines Amtes verlieren die amtsangehörigen Gemeinden nicht ihre eigene Rechtspersönlichkeit und schon gar nicht ihre Selbstverwaltungsrechte. Das Amt steht vielmehr neben der Gemeinde, um für diese bestimmte Aufgaben zu erfüllen.

Die Ämter sind kein Gemeindeverband und auch keine Gebietskörperschaft, weil sie ausschließlich vollziehende Aufgaben haben (BVerfG, Die Gemeinde 1979, 266). Die Beschluß- und Entscheidungsverantwortung liegt weiterhin bei den amtsangehörigen Gemeinden, es sei denn, daß diese freiwillig Aufgaben auf das Amt übertragen haben.

17.2.2 Bildung und Verwaltung von Ämtern

Die Ämter werden durch einen Beschluß des Innenministers nach Anhörung der beteiligten Gemeinden und Kreise gebildet (BVerwG, Die Gemeinde 1972, 216). Dieser Beschluß, in dem auch der Name und der Sitz des Amtes festgelegt wird, stellt einen anfechtbaren Verwaltungsakt dar (§ 1 Abs. 2 AO). In der Regel sollen die Ämter mehr als 5000 Einw. haben (§ 2 Abs. 2 AO) und so abgegrenzt sein, daß sie eine möglichst effektive Verwaltungsführung ermöglichen.

Üblicherweise stellt das Amt zur Durchführung seiner Aufgaben eine eigene Verwaltung zur Verfügung, also ein Amtsgebäude, das erforderliche Personal und die sächlichen Verwaltungsmittel. Es ist aber möglich, die Verwaltung einer größeren amtsangehörigen Gemeinde mit deren Zustimmung mit der Erledigung der Verwaltungsgeschäfte zu beauftragen oder eine Verwaltungsgemeinschaft mit einer nicht zum Amt gehörenden Körperschaft zu bilden (§ 1 Abs. 2 i. V. m. § 23 AO). Dies sind jedoch nur wenige Fälle.

Die Ämter finanzieren sich im wesentlichen aus der Amtsumlage, die sie nach näherer Regelung im FAG von den amtsangehörigen Gemeinden erheben.

Die Ämter sollen in erster Linie der Stärkung der Selbstverwaltung der amtsangehörigen Gemeinden dienen. Im einzelnen haben sie folgende Aufgaben:

a) **Vorbereitung der Beschlüsse der Gemeindevertretungen und der Ausschüsse der Gemeinden im Einvernehmen mit der/dem Bgm. (§ 3 Abs. 1 AO).**

b) **Durchführung der Selbstverwaltungsaufgaben der amtsangehörigen Gemeinden nach den Beschlüssen der Gemeinden (§ 3 Abs. 1 AO).** Bei der Durchführung der Beschlüsse handelt es sich ausschließlich um den verwaltungstechnischen Vollzug. Allerdings beinhaltet die Zuständigkeit der Ämter auch ein Verbot für die amtsangehörigen Gemeinden, ihre Beschlüsse selbst durchzuführen.

c) **Vertretung der Gemeinden in gerichtlichen Verfahren (OLG Schleswig, Die Gemeinde 1991, 360).**

d) **Durchführung der den amtsangehörigen Gemeinden und dem Amt selbst übertragenen Aufgaben zur Erfüllung nach Weisung (§ 4 Abs. 1 AO).**

e) **Wahrnehmung der Kassen- und Rechnungsführung und Vorbereitung der Aufstellung der Haushaltspläne für die amtsangehörigen Gemeinden (§ 4 Abs. 3 AO).**

f) **Koordinierung von Aufgaben, die mehrere amtsangehörige Gemeinden betreffen (§ 4 Abs. 4 AO).**

Mehrere amtsangehörige Gemeinden können dem Amt gemeinsam einzelne Selbstverwaltungsaufgaben übertragen. In derartigen Fällen obliegt dem Amt nicht nur der verwaltungstechnische Vollzug, sondern auch die Willensbildung in dem übertragenen Aufgabenbereich (§ 5 Abs. 1 AO). Von dieser Möglichkeit wird z. B. bei der Trägerschaft von Schulen, bei der Sicherstellung des Brandschutzes oder bei sozialen Einrichtungen häufiger Gebrauch gemacht.

Die durch die Aufgabenerledigung entstehenden Zweckausgaben sind vom Amt auf die Gemeinden umzulegen, die die Aufgabe auf das Amt übertragen haben (§ 21 AO). Die Gemeinden können eine Rückübertragung der Aufgaben nur dann verlangen, wenn sich die Verhältnisse seit der Übertragung so grundlegend verändert haben, daß ihnen ein Festhalten an der Übertragung nicht weiter zugemutet werden kann (§ 5 Abs. 2 AO).

17.2.4 Organe

Organe des Amtes sind der Amtsausschuß und die/der Amtsvorsteher(in).

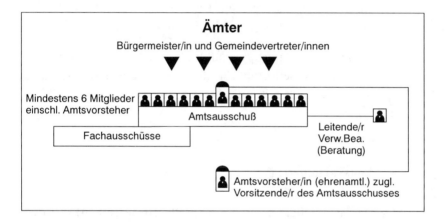

17.2.4.1 Amtsausschuß

Der Amtsausschuß ist das oberste Willensbildungsorgan des Amtes. Er hat insbesondere die erforderlichen Entscheidungen zu treffen, um das Amt personell und mit sächlichen Verwaltungsmitteln so auszustatten, daß es seinen gesetzlichen Aufgaben gerecht werden kann. Ferner entscheidet der Amtsausschuß in Angelegenheiten, die ihm von amtsangehörigen Gemeinden übertragen wurden. Der Amtsausschuß wird nicht von den Bürg. der amtsangehörigen Gemeinden gewählt, sondern setzt sich aus den Bgm. und weiteren Vertreter(innen) der amtsangehörigen Gemeinden zusammen. Jede amtsange-

149

hörige Gemeinde ist mindestens durch ihre(n) Bgm. vertreten. Je nach einwohnerzahlenmäßiger Größe können weitere Mitglieder entsandt werden, die die jeweilige Gemeindevertretung nach den Grundsätzen der Verhältniswahl (§ 40 Abs. 4 GO) wählt. Gemeinden über 500 bis 1000 Einw. entsenden ein weiteres Mitglied, Gemeinden über 1000–1500 Einw. zwei weitere Mitglieder, Gemeinden über 1500–2000 Einw. drei weitere Mitglieder, Gemeinden über 2000–2500 Einw. vier weitere Mitglieder, Gemeinden über 2500–3000 Einw. fünf weitere Mitglieder, Gemeinden über 3000–4000 Einw. sechs weitere Mitglieder. Größeren Gemeinden steht für jeweils volle 1000 Enw. ein weiteres Mitglied zu (§ 9 Abs. 1 AO). Der Amtsausschuß muß mindestens aus sechs Mitgliedern bestehen (§ 9 Abs. 2 AO).

Für das Verfahren im Amtsausschuß und seine Aufgaben gelten im wesentlichen die Vorschriften für die Gemeindevertretung (§ 10 i. V. m. § 24 a AO). Das gilt auch für die Bildung von Ausschüssen (§ 10 a AO).

17.2.4.2 Amtsvorsteher(in)

Die/der Amtsvorsteher(in) und die Stellvertreter(innen) werden vom Amtsausschuß aus seiner Mitte gewählt und anschließend ins Ehrenbeamtenverhältnis berufen. Die Wahl erfolgt entweder im Meiststimmenverfahren oder nach den Grundsätzen der Verhältniswahl. Bei Verhältniswahl treten die Mitglieder des Amtsausschusses, die auf Vorschlag derselben politischen Partei in ihre Gemeindevertretung gewählt wurden, gemeinsam auf und sind praktisch einer Fraktion gleichzusetzen. Entsprechendes gilt für die auf Vorschlag von Wählergruppen gewählten Gemeindevertreter(innen), und zwar ohne Rücksicht darauf, um welche Wählergruppen es sich handelt. Die Vertreter von Wählergruppen müssen ihren Zusammenschluß aber zuvor schriftlich erklärt haben. Die dem Amtsausschuß angehörenden Bürgermeister/innen, die nicht auf Vorschlag einer

Partei oder Wählervereinigung gewählt wurden, können sich den Gruppierungen anschließen. Das Vorschlagsrecht für die Position der/des Amtsvorstehers(in) steht den Mitgliedern der politischen Partei bzw. Wählervereinigung in der Reihenfolge der Höchstzahlen zu, die sich aus der Teilung ihrer Anzahl im d'Hondtschen Verfahren ergeben (Schl.-Holst. OVG, Die Gemeinde 1995, 25). Zählgemeinschaften sind also hier nicht möglich. Die Wahl erfolgt mit Ja-Stimmen, Nein-Stimmen und Stimmenthaltungen in Form eines Mehrheitsbeschlusses nach § 39 Abs. 1 GO (§ 11 Abs. 1 AO). Das Verfahren ist identisch mit der Wahl im gebundenen Vorschlagsrecht bei der/dem Bürgervorsteher(in) nach § 33 Abs. 2 GO (vgl. Abschn. 10.3.7).

Die/der Amtsvorst. führt den Vorsitz im Amtsausschuß. Sie/er leitet ferner die Verwaltung des Amtes ehrenamtlich und bereitet die Beschlüsse des Amtsausschusses vor und führt sie durch. Sie/er ist dem Amtsausschuß für die sachliche Erledigung der Aufgaben und den Geschäftsgang der Verwaltung verantwortlich. Sie/er ist weiterhin Dienstvorgesetzte(r) der/des leitenden Verwaltungsbea. und zuständig für die Durchführung der Weisungsaufgaben. Wie die/der Bgm. einer Gemeinde verfügt die/der Amtsvorst. über das Eilentscheidungsrecht (§ 12 Abs. 4 AO).

Die Verwaltungsleitung wird der/dem Amtsvorst. durch die Bestellung eines(r) leitenden Verwaltungsbeamten(in), die/der die Laufbahnprüfung des gehobenen Dienstes abgelegt haben muß, erleichtert (§ 15 Abs. 1 AO). Die/der leitende Verwaltungsbea. nimmt an den Sitzungen des Amtsausschusses teil und hat dort Wortverlangungsrecht (§ 12 Abs. 6 AO). Im übrigen führt die/der leitende Verwaltungsbea. die Geschäfte der laufenden Verwaltung der Amtsverwaltung eigenständig und hat eine Beratungspflicht gegenüber den Bürgermeister(innen) der zum Amt gehörenden Gemeinden. Die/ der leitende Verwaltungsbea. vertritt die/den Amtsvorsteher kraft Gesetzes in Weisungsaufgaben (§ 15 Abs. 3 AO) und ist Dienstvorgesetzter der weiteren Mitarbeiter(innen).

18. Kommunale Zusammenarbeit

18.1 Zweckverbände

Gemeinden, Kreise und Ämter können sich durch öffentlich-rechtlichen Vertrag zu Zweckverbänden zusammenschließen und ihnen einzelne oder mehrere Aufgaben der öffentlichen Verwaltung übertragen. Der Vertrag bedarf der Genehmigung der Aufsichtsbehörde (§§ 2 und 5 Abs. 1 GkZ). Der Zweckverband ist eine Körperschaft des öffentlichen Rechts ohne Gebietshoheit (§ 4 GkZ). Ziel der Verbandsbildung ist in der Regel das Bestreben nach einer möglichst ökonomischen Aufgabenerledigung.

Organe des Zweckverbandes sind die Verbandsversammlung, in der alle am Zweckverband Beteiligten vertreten sind, und die/der Verbandsvorsteher(in). Die Verbandssatzung, die die innere Verfassung des Zweckverbandes im Wesentlichen regelt, kann als weiteres Organ einen Verbandsvorstand vorsehen (§ 8 GkZ).

Zweckverbände werden z. B. für folgende Aufgaben errichtet: Ver- und Entsorgung, Errichtung und Unterhaltung von sozialen Einrichtungen, Errichtung und Unterhaltung von Schulen oder Sparkassen.

Zweckverbände können eine eigene Verbandsverwaltung mit eigenen Mitarbeitern unterhalten. Anderenfalls ist durch die Verbandssatzung zu regeln, welche Stelle die Verwaltungsgeschäfte führt (§ 13 Abs. 4 GkZ).

18.2 Öffentlich-rechtliche Vereinbarungen

Gemeinden, Kreise, Ämter und Zweckverbände können durch öffentlich-rechtlichen Vertrag vereinbaren, daß eine der beteiligten Körperschaften einzelne oder mehrere zusammenhängende Aufgaben der übrigen Beteiligten übernimmt oder den übrigen Beteiligten

die Mitbenutzung einer von ihr betriebenen Einrichtung gestattet (§ 18 GkZ).

Die öffentlich-rechtliche Vereinbarung hat zur Folge, daß hoheitliche Zuständigkeiten auf einen an sich nicht zuständigen Aufgabenträger übergehen. Dieser kann hoheitliche Gewalt in den übernommenen Aufgaben auch gegenüber Einw. anderer Gemeinden ausüben, die an der Vereinbarung beteiligt sind.

18.3 Verwaltungsgemeinschaften

Kommunale Körperschaften können vertraglich vereinbaren, daß ein Beteiligter zur Erfüllung seiner Aufgaben die Verwaltung eines anderen Beteiligten in Anspruch nimmt. Die gesetzliche Aufgabenträgerschaft und die Verantwortlichkeit werden hiervon aber nicht berührt (§ 19 a GkZ). Es handelt sich somit in erster Linie um verwaltungstechnische Hilfeleistungen, die nicht mit dem Verlagern von Hoheitsbefugnissen verbunden sind.

19. Kommunale Landesverbände

Die kommunalen Gebietskörperschaften haben vier kommunale Landesverbände gebildet:
– den Städtetag Schleswig-Holstein – (Vertretung der vier kreisfreien Städte)
– den Schleswig-Holsteinischen Gemeindetag (Vertretung aller kreisangehörigen Gemeinden und Ämter)
– den Schleswig-Holsteinischen Landkreistag (Vertretung der 11 Kreise)
– den Städtebund Schleswig-Holstein (Vertretung der 58 kreisangehörigen Städte)

153

Die kommunalen Landesverbände haben die Aufgabe, ihre Mitglieder zu beraten und die gemeinsamen Interessen der kommunalen Körperschaften gegenüber dem Landtag, der Landesregierung und sonstigen Institutionen wahrzunehmen. Die kommunalen Landesverbände sind rechtlich eingetragene Vereine, unterstehen also nicht der Staatsaufsicht. Ihre innere Struktur ist der inneren Gemeindeverfassung nachempfunden. Oberstes Organ ist die Mitgliederversammlung, die von Fachausschüssen beraten wird. Die laufenden Geschäfte werden von den Vorständen entschieden. Die Geschäftsstellen der kommunalen Verbände haben ihren Sitz in Kiel.

Die kommunalen Landesverbände sind Mitglied der kommunalen Spitzenverbände auf Bundesebene.

20. Satzungsrecht

20.1 Begriff der Satzung

Eine Satzung ist eine Anordnung bzw. Festsetzung zur Regelung einer unbestimmten Anzahl von Fällen, die aufgrund eines Gesetzes im Bereich der eigenen Angelegenheiten der Gemeinden, Kreise und Ämter getroffen wird (§ 65 LVwG). Auch wenn es sich dabei materiell um einen Akt der Rechtsetzung handelt, ist die Satzung dem Verwaltungshandeln zuzuordnen. Das ergibt sich daraus, daß es auf der gemeindlichen Ebene keine Gewaltenteilung gibt; die Tätigkeit aller kommunalen Organe ist der Verwaltung zuzurechnen.

20.2 Ermächtigungsgrundlage

Das Satzungsrecht ist abgeleitetes Recht. Aus diesem Grunde ist für den Erlaß einer Satzung eine Ermächtigungsgrundlage erforderlich

(**§ 65 Abs. 2 LVwG**). Eine solche Ermächtigungsgrundlage findet sich in § 4 GO. Hiernach können die Gemeinden ihre Angelegenheiten durch Satzungen regeln, soweit die Gesetze nichts anderes bestimmen. Diese Ermächtigungsgrundlage reicht allerdings nicht für Satzungen aus, die in die Freiheit und das Eigentum eingreifen (z. B. Steuern). Hierfür ist eine besondere Ermächtigungsgrundlage notwendig. Es handelt sich dabei meist um Landesrecht (z. B. Kommunalabgabengesetz), aber auch um Bundesrecht (z. B. Baugesetzbuch). An die Ermächtigungsgrundlage für Satzungen sind nicht die Anforderungen zu stellen, die Art. 38 Abs. 1 LVerf für Verordnungen vorschreibt.

20.3 Ermessen oder Verpflichtung zum Erlaß von Satzungen

In der Regel entscheiden die Gemeinden frei, ob sie Satzungen erlassen. Dieses Ermessen ist aber teilweise eingeschränkt. So können z. B. Satzungen über den Anschluß- und Benutzungszwang (§ 17 GO) nur erlassen werden, wenn ein dringendes öffentliches Bedürfnis vorliegt. In bestimmten Fällen ist der Erlaß einer Satzung angeordnet (z. B. Hauptsatzung, § 4 GO, Haushaltssatzung, § 77 GO, Bekanntmachungssatzung, § 5 Bekanntmachungsverordnung).

20.4 Erlaß von Satzungen

Die Beschlußfassung über eine Satzung obliegt der Gemeindevertretung, dem Kreistag bzw. dem Amtsausschuß als vorbehaltene Aufgabe (§ 28 GO, § 22 KrO, § 24 AO). Die Beschlußfassung erfolgt mit einfacher Mehrheit.

20.5 Genehmigung von Satzungen

Satzungen sind im Grundsatz genehmigungsfrei, es sei denn, daß die Genehmigung ausdrücklich gesetzlich vorgeschrieben ist (§ 4 GO, § 4 KrO). Das ist z. B. der Fall bei der Hauptsatzung, bei der Haushaltssatzung hinsichtlich der Verpflichtungsermächtigungen und des Gesamtbetrages der Kredite.

Die Genehmigungsbehörde kann die von der Gemeindevertretung beschlossene Satzung selbst nicht ändern. Hat sie Bedenken gegen den Satzungsinhalt, so muß sie die Genehmigung entweder versagen oder die Genehmigung mit Maßgaben versehen. Eine Genehmigung mit Maßgaben ist rechtlich eine Versagung der Genehmigung, wobei die Aufsichtsbehörde jedoch erklärt, daß die Genehmigung als erteilt gilt, wenn bestimmte von ihr geforderte Teile der Satzung geändert werden. Bei Maßgaben ist in der Regel ein Beitrittsbeschluß der Gemeindevertretung erforderlich. Dies gilt nicht für lediglich redaktionelle Änderungen.

20.6 Ausfertigung von Satzungen

Satzungen sind von der Bürgermeisterin/dem Bürgermeister, der Landrätin/dem Landrat bzw. der Amtsvorsteherin/dem Amtsvorsteher (§ 4 GO, § 4 KrO, § 24 a AO) auszufertigen. Mit der Ausfertigung wird bestätigt, daß die Fassung der Satzung mit dem Beschluß der Gemeindevertretung übereinstimmt und daß die Beschlußfassung nach formgerechtem Verfahren zustande gekommen ist. Die Ausfertigung erfolgt durch die Unterzeichnung des Satzungstextes.

20.7 Verkündung von Satzungen

Die Verkündung der Satzung bildet den Abschluß des Rechtssetzungsverfahrens. § 68 LVwG sieht die Verkündung im Amtsblatt für

Schleswig-Holstein vor; zulässig ist aber auch eine örtliche Bekanntmachung. Form und Verfahren regelt die nach § 329 LVwG erlassene Bekanntmachungsverordnung vom 12. 6. 1979 (GVOBl. S. 378). Diese sieht vor, daß Bekanntmachungen durch Abdruck in der Zeitung oder im amtlichen Bekanntmachungsblatt der Gemeinde bzw. des Kreises erfolgen. Örtliche Bekanntmachungen von Gemeinden bis zu 10 000 Einwohnern können auch durch vierzehntägigen Aushang an Aushangtafeln vorgenommen werden. Für je angefangene 1000 Einw. ist eine Tafel aufzustellen.

20.8 Inkrafttreten

Soweit in den Satzungen nichts anderes bestimmt ist, treten diese am Tage nach der öffentlichen Bekanntmachung in Kraft, also bei Ausdruck in der Zeitung mit Ablauf des Erscheinungstages und bei Aushang mit Ablauf der Aushangfrist. Mit rückwirkender Kraft können Satzungen nur in besonderen Ausnahmefällen erlassen werden. Die Haushaltssatzung wirkt jedoch immer auf den Beginn des Rechnungsjahres zurück.

20.9 Geltungsdauer

Satzungen unterliegen im Grundsatz keiner begrenzten Geltungsdauer. Ausnahmen sind die Haushaltssatzung, die für ein oder zwei Jahre gilt, sowie Abgabensatzungen, die nach dem Kommunalabgabengesetz nach 20 Jahren außer Kraft treten.

Satzungen treten ferner außer Kraft, wenn die Ermächtigungsgrundlage entfällt oder wenn die Satzung nicht mehr in Einklang mit höherrangigem Recht steht.

20.10 Form und Inhalt von Satzungen

Nach § 66 LVwG sind Satzungen mit einer Überschrift und einer Präambel zu versehen. Satzungen müssen in der Überschrift als Satzung gekennzeichnet sein; ferner soll der wesentliche Inhalt gekennzeichnet werden. In der Präambel ist die Rechtsgrundlage der Satzung anzugeben. Ferner muß auf die erfolgte Beschlußfassung und ggf. auf die Genehmigung bzw. Zustimmung anderer Stellen hingewiesen werden. Auch der Träger der öffentlichen Verwaltung, der die Satzung erlassen hat, muß bezeichnet werden. Schließlich ist auch das Datum anzugeben, unter dem die Satzung ausgefertigt ist.

Beispiel:
Hauptsatzung der Gemeinde ...
Aufgrund des § 4 der Gemeindeordnung für Schleswig-Holstein wird nach Beschlußfassung durch die Gemeindevertretung vom ... und mit Genehmigung der Aufsichtsbehörde folgende Satzung erlassen. Die Genehmigung nach § 4 der Gemeindeordnung für Schleswig-Holstein wurde mit Verfügung des Landrats des Kreises ... vom ... erteilt.

Der Inhalt von Satzungen darf nicht höherrangigem Recht (Gesetze, Verordnungen) entgegenstehen. Satzungen müssen ferner inhaltlich bestimmt, also aus sich heraus verständlich sein.

20.11 Bewehrung von Satzungen

Geldbußen und Zwangsgeld dürfen in Satzungen nur angedroht werden, wenn dies durch Gesetz zugelassen ist (§ 67 Abs. 3 LVwG).

20.12 Anschluß- und Benutzungszwang

Die Gemeinde kann durch eine Satzung ihre Einwohner zwingen, sich bestimmten gemeindlichen Einrichtungen anzuschließen und diese zu benutzen. Voraussetzung hierfür ist jedoch ein dringendes öffentliches Bedürfnis. Als Folge einer solchen Satzung hat der Betroffene die notwendigen Vorrichtungen für die Benutzung zu treffen. Er darf keine anderen Einrichtungen benutzen (§ 17 GO).

Während sich der Anschlußzwang gegen die Grundstückseigentümer richtet (z. B. Kanalisation, Müllabfuhr, Straßenreinigung, Fernwärme) richtet sich der Benutzungszwang an die Eigentümer und Bewohner.

Der Anschluß- und Benutzungszwang kann nur angeordnet werden, wenn ein dringendes öffentliches Bedürfnis vorliegt und die Einrichtung der Volksgesundheit oder dem Schutz der natürlichen Grundlagen des Lebens dient. Rein fiskalische Gründe reichen für einen Anschluß- und Benutzungszwang nicht aus; sie können aber mitbestimmend sein.

Ausnahmen vom Anschluß- und Benutzungszwang sind möglich. Sie müssen in der Satzung durch objektive Merkmale geregelt werden, wobei insbesondere der Gleichheitsgrundsatz zu beachten ist.

Stichwortverzeichnis

(Ziffern bezeichnen die Gliederungsabschnitte)

W

Z